Katja Thimm

Das bedingungslose Grundeinkommen – Kollaps oder Reanimation des Sozialstaates?

D1702913

Katja Thimm

Das bedingungslose Grundeinkommen – Kollaps oder Reanimation des Sozialstaates?

Tectum Verlag

Katja Thimm

Das bedingungslose Grundeinkommen –
Kollaps oder Reanimation des Sozialstaates?
ISBN: 978-3-8288-2301-3
Umschlagabbildung: © frank13 | photocase.de
Umschlaggestaltung: Heike Amthor | Tectum Verlag
© Tectum Verlag Marburg, 2010

Besuchen Sie uns im Internet
www.tectum-verlag.de

Bibliografische Informationen der Deutschen Nationalbibliothek
Die Deutsche Nationalbibliothek verzeichnet diese Publikation in der
Deutschen Nationalbibliografie; detaillierte bibliografische Angaben sind
im Internet über http://dnb.ddb.de abrufbar.

Inhaltsverzeichnis

Abkürzungsverzeichnis

AG	Arbeitsgemeinschaft
AFDC	Aid to Families with Dependent Children
ALG	Arbeitslosengeld
ALLBUS	Allgemeine Bevölkerungsumfrage der Sozialwissenschaften
APuZ	Aus Politik und Zeitgeschichte
BA	Bundesagentur für Arbeit
BAG	Bundesarbeitsgemeinschaft
BAG-SHI	Bundesarbeitsgemeinschaft der Erwerbslosen- und Sozialhilfeinitiativen
BAG-PLESA	Bundesarbeitsgemeinschaft Prekäre Lebenslagen – Gegen Einkommensarmut und soziale Ausgrenzung
BIP	Bruttoinlandsprodukt
BIG	Basic Income Grant
BSHG	Bundessozialhilfegesetz
BMAS	Bundesministerium für Arbeit und Soziales
BVA	Bundesversicherungsamt
BVerfG	Bundesverfassungsgericht
BVerfGE	Entscheidungen des Bundesverfassungsgerichtes
BT	Deutscher Bundestag
CDU	Christlich-Demokratische Union Deutschlands

CSU	Christlich-Soziale Union Deutschlands
DIW	Deutsches Institut für Wirtschaftsforschung
ESS	European Social Survey
FAP	Family Assistance Plan
FDP	Freie Demokratische Partei
GE	(bedingungsloses) Grundeinkommen
GG	Grundgesetz für die Bundesrepublik Deutschland
GS	Grundsicherung im engeren Sinne (i.e.S.)
HBS	Heinrich-Böll-Stiftung
HWWI	Hamburgisches Weltwirtschaftsinstitut
ISJP	International Social Justice Project
ISSP	International Social Survey Programme
KAB	Katholische Arbeiternehmerbewegung
KoBüNe	Kommission Bürgergeld – Negative Einkommensteuer
LAG	Gesetz über den Lastenausgleich (sog. Lastenausgleichsgesetz)
NES	Negativsteuer bzw. Negative Einkommensteuer
OECD	Organisation for Economic Co-operation and Development
SGB	Sozialgesetzbuch
SM	Soziale Marktwirtschaft

StabG	Gesetz zur Förderung der Stabilität und des Wachstums der Wirtschaft (sog. Stabilitäts- und Wachstumsgesetz)
StatBA	Statistisches Bundesamt
VGR	Volkswirtschaftliche Gesamtrechnungen

1 Einleitung

Mit der vorliegenden Arbeit wird der zentralen Frage nachgegangen, ob die aktuell in Wissenschaft, Gesellschaft und Politik diskutierte Idee eines bedingungslosen Grundeinkommens den Zusammenbruch oder die Wiederbelebung des bundesdeutschen Sozialstaates implizieren würde.

Seit Jahren schon wird in Deutschland über den Sozialstaat diskutiert. Reformen, eingebettet in scharfer Kritik an den Sozialsystemen, werden mit Argumenten der Finanzierbarkeit, Kosteneffizienz, Standortsicherung oder sich verändernden wirtschaftlichen Verhältnissen (Stichwort Globalisierung) angekündigt und auf den Weg gebracht. Spätestens seit 2003 ist die Debatte um die Reformbestrebungen – durch die Agenda 2010 und die sog. Hartz-Gesetze – allseits bekannt. Dennoch findet die Diskussion um den Reformbedarf kein Ende; der Sozialstaat sei noch immer zu teuer, unwirksam und den sich wandelnden ökonomischen und gesellschaftlichen Rahmenbedingungen keinesfalls angemessen. So herrscht in der Politik weitestgehend Einigkeit darüber, dass die sozialen Sicherungssysteme neu ausgerichtet werden müssen; Uneinigkeit aber besteht offensichtlich in der Frage, wie die entsprechenden Maßnahmen aussehen sollten. Als eine der möglichen Antworten auf eine Neugestaltung des deutschen Sozialstaates wird seit einiger Zeit das bedingungslose Grundeinkommen (GE)[1] diskutiert. Sein zugrunde liegendes Prinzip ist denkbar einfach: Jede Bürgerin und jeder Bürger erhält bedingungslos vom Staat einen gleich hohen Geldbetrag. Einfacher und transparenter kann eine staatliche Leistung kaum verteilt werden. Trotzdem erscheint der Vorschlag als eine radikale – oder sogar kaum realisierbare – Idee zur Reform des Sozialstaates. Ziel der vorliegenden Arbeit ist es deshalb, das GE in den Sozialstaatskontext einzuordnen, um mittels der gewonnenen Erkenntnisse die zentrale Frage hinsichtlich der Bedeutung des GE für den Sozialstaat („Kollaps oder Reanimation?") beantworten zu können.

Um diesem Ziel entgegenzusteuern, wird zuerst der Untersuchungsgegenstand der Arbeit – der Sozialstaat – erörtert (Kap. 2). Was genau bedeutet Sozialstaat und welchen Problemen steht er gegenüber? Um diese Fragen zu beantworten, soll zunächst das Verständnis von Sozialstaatlichkeit dargelegt werden (Kap. 2.1). Dafür ist es von Bedeutung

---

1   Für den Begriff des bedingungslosen Grundeinkommens wird nachfolgend die Abkürzung GE verwendet.

den Sozialstaat von der bundesdeutschen Wirtschaftsordnung – der *Sozialen* Marktwirtschaft – abzugrenzen und gleichzeitig den Zusammenhang von Wirtschafts- und Sozialordnung aufzuzeigen. Dies dient als Grundlage dem sich anschließenden Krisendiskurs folgen zu können, in dem es hauptsächlich darum geht, die Kritik am Sozialstaat mittels ausgewählter Thesen zu überprüfen und einzuordnen (Kap. 2.2). Wesentliche Erkenntnisse der vorangegangenen Ausführungen werden dabei herausgearbeitet und für die spätere Betrachtung zusammenfassend festgehalten (Kap. 2.3).

Nachdem damit das erste Fundament für die Beantwortung der zentralen Frage gelegt worden ist, wird im Kapitel 3 ein zweites, begriffliches Fundament dargestellt. Im Mittelpunkt dieses Kapitels steht die Erkundung, was genau ein GE ist. Die Klärung dieser Frage orientiert sich zunächst an den geschichtlichen Wurzeln der GE-Idee (Kap. 3.1), um danach die Begrifflichkeit selbst unabhängig von vorherrschenden Modellen oder Konzeptionen abzugrenzen und zu definieren (Kap. 3.2). Dies erfolgt im Wesentlichen durch das Hervorheben der Unterschiede zwischen dem GE allgemein und dem derzeitigen System sozialer Sicherung in Deutschland. Zum einen wird damit der definitorische Rahmen für den in dieser Arbeit verwendeten Begriff des GE abgesteckt; zum anderen aber dient es dem Verständnis, warum ein GE als (radikale) Alternative zum bestehenden System diskutiert werden kann.

Auf Basis der in Kapitel 2 und 3 gewonnen Erkenntnisse kann schließlich die Einordnung des GE in den Sozialstaatskontext vorgenommen werden. Dafür werden zunächst wichtige Argumente im Hinblick auf die in Kapitel 2 ausgearbeiteten Ergebnisse präsentiert (Kap. 4.1) und – im Hinblick auf die Realisierbarkeit eines GE – die Bedeutung der Finanzierungsaspekte betrachtet (Kap. 4.2). Im Anschluss werden verschiedene Motive, die zur Lösung der Probleme des Sozialstaates hinter der GE-Idee stehen könnten, beleuchtet (Kap. 4.3). Auf diesen Betrachtungen aufbauend, wird das GE schlussendlich in den Sozialstaatszusammenhang eingeordnet (Kap. 4.4).

Die Schlussbetrachtung (Kap. 5) greift abschließend die wichtigsten Ergebnisse der Untersuchung auf und beantwortet die zentrale Frage dieser Arbeit, ob ein GE den Zusammenbruch oder die Wiederbelebung des Sozialstaates bedeutet.

2 Der Sozialstaat[2]

Bevor auf die Diskussion um den Sozialstaat eingegangen werden kann, ist es notwendig, den zentralen Begriff „Sozialstaat" zu klären. Da es keine eindeutige, festgeschriebene Definition des Terminus gibt (vgl. Butterwegge 1999: 12), ist es ratsam, sich dem Sinngehalt des Sozialstaates Schritt für Schritt anzunähern.

Das historische Bild des deutschen Sozialstaates ist zweifellos von Otto von Bismarck geprägt, zu dessen Zeit im späten 19. Jahrhundert die ersten Sozialversicherungsgesetze[3] erlassen wurden. Die Wurzeln von Sozialstaatlichkeit aber reichen bis in das frühe 16. Jahrhundert zurück, als der frühmoderne Staat zunehmend an die Seite kirchlicher Armen- und Krankenfürsorge trat und damit begann, mehr und mehr Aufgaben sozialer Sicherung an sich zu ziehen. Soziale Regulierungen vorzunehmen war ein wesentliches Element im Prozess der modernen Staatsbildung, wobei es darum ging, das Gemeinwesen und dessen Zustand durch administrative und gesetzgeberische Maßnahmen stetig zu verbessern. Schon damals sollte der Staat durch Interventionen auf die gesellschaftlichen Entwicklungen einwirken und damit die Integration nach innen und die Stärke nach außen erhöhen. Als im 19. Jahrhundert dann die sozialen Probleme als Folge des sog. Frühkapitalismus[4] in dramatischer Form aufbrachen, führte dies zu weiteren, notwendigen, sich immer weiter ausdehnenden staatlichen Regulierungen. In der Konsequenz des angestoßenen Prozesses wurden in den 1880er Jahren die oben erwähnten Sozialversicherungsgesetze eingeführt, die als Grundstein der Entwicklung des modernen deutschen Sozialstaates bezeichnet werden und über alle politischen Umbrüche

---

2   Die vorliegende Arbeit bezieht sich auf den spezifischen, heute in der Bundesrepublik Deutschland vorzufindenden sozialstaatlichen Sachverhalt.

3   So wurde 1883 die Kranken-, 1884 die Unfall- und 1889 die Alters- und Invalidenversicherung eingeführt (u.a. Pilz 2004: 25).

4   Der „Frühkapitalismus" beschreibt das erste Drittel des 19. Jahrhunderts, das einen bedeutenden sozialen und wirtschaftlichen Umbruch mit sich brachte: Bindungen, wie sie noch in der feudalen Ordnung wurzelten, wurden schwächer und brachen auf. Die Abhängigkeit der Bauern von Grundherren wurde ebenso wie auch die starren Zunftordnungen beseitigt; Gewerbe- und Vertragsfreiheit, Freizügigkeit und freies Niederlassungsrecht ermöglichten Mensch und Kapital eine bisher ungekannte Mobilität. Dieser sog. Freisetzungsprozess durchbrach die Bindungen, die in der feudalen Ordnung wurzelten; Familien oder kirchliche Armenpflege waren mit der um sich greifenden fundamentalen Existenzunsicherheit überfordert, sie konnten v.a. den Arbeitern keinen Schutz mehr bieten (Metzler 2003a: 8f).

hinweg bis heute erhalten blieben (Metzler 2003a: 7-13). In der Zwischenzeit ist der Sozialstaat auf ein vielfach komplexes System an Versicherungs-, Versorgungs- und Fürsorgeeinrichtungen angewachsen. Es ist sicher ungenügend, den Sozialstaat auf diesen institutionellen Kern zu reduzieren (Butterwegge 1999: 13), dennoch bedeutet sozialstaatliche Verantwortung die Gründung, Finanzierung und Steuerung dieser Komplexe (Kaufmann 1997: 23). Der Sozialstaat ist daher keinesfalls als gesonderte Institution zu sehen; vielmehr steht er separat und vermittelt[5] zwischen „dem staatlich verfassten politischen System und der privatrechtlich verfassten Marktwirtschaft" (ebd.: 23f). Er ist somit als eine Art „institutionelle Verknüpfung" (ebd.: 24) von Wirtschaft, Staat und den privaten Haushalten zu verstehen (vgl. Kaufmann 1997: 22-25; Pilz 2004: 15f).

Die komplexe Aufgabe, das Arrangement von Wirtschaft, Staat und Gesellschaft zu verbinden und in Einklang zu halten, verdeutlicht die Schwierigkeit, den Sozialstaat getrennt von der vorherrschenden Wirtschaftsordnung zu betrachten. So verwundert es auch nicht, dass sowohl „Sozialstaat" als auch „Soziale Marktwirtschaft" als Bezeichnungen der wohlfahrtstaatlichen Zielsetzungen bzw. Regelungen[6] der Bundesrepublik verwendet werden (Kaufmann 1997: 13; vgl. Pilz 2004: 15). Die Gleichsetzung der beiden Wortbedeutungen führt jedoch zu Verwechslungen und Abgrenzungsproblemen, insbesondere, wenn es zu erklären gilt, was genau denn nun im deutschen Staate in die Diskussion oder in die Krise geraten oder gar am Ende sei. Um die Debatte über den Sozialstaat verstehen zu können, scheint es daher notwendig zuerst ein Verständnis für die „soziale Komponente", die hinter der bundesdeutschen Wirtschafts- und Sozialordnung steckt, zu entwickeln. Dieser Aufgabe widmet sich das nun folgende Kapitel. Dabei soll es weniger um die baulichen bzw. konzeptionellen Ausgestaltungen en détail gehen, als vielmehr um das Erkennen, warum die Diskussionen um den Sozialstaat nicht ohne die Betrachtung des Sozialstaatsverständnisses geführt werden kann. Ausgehend von der Ent-

---

5   Diese „Vermittlung" ist die Sozialpolitik (Kaufmann 1997: 24), von der es zwar Definitionen „wie Sand am Meer" (Ribhegge 2004: 13) gibt, über deren Ziele aber (zumindest dem Anspruch nach) Einigkeit herrscht: So verfolgt sie (soziale) Gerechtigkeit, Sicherheit und Freiheit (ebd.: 15).

6   Der Begriff „Wohlfahrtsstaat" wird üblicherweise in der international vergleichenden Sozialpolitikforschung verwendet. In dieser Arbeit wird er synonym auch für den (bundesdeutschen) Sozialstaat benutzt, dessen Bezeichnung v.a. die nationalen politischen und juristischen Diskurse widerspiegelt (vgl. Kaufmann 1997: 21).

wicklung in der heutigen Bundesrepublik Deutschland[7] soll erklärt werden, wie es zu dem Fokus auf das Soziale kam, der dazu führte, dass der Sozialstaat nach 1945 mit der vermeintlichen „Stunde Null" nicht ab- oder um-, sondern in den darauf folgenden Jahrzehnten erheblich ausgebaut wurde (vgl. u.a. Kaufmann 1997: 25). Aufgrund der erwähnten nahe liegenden Verflechtung von Wirtschafts- und Sozialordnung sowie der Gleichsetzung ihrer Begrifflichkeiten, wird im ersten Teil des Kapitels die Abgrenzung der beiden Termini im Vordergrund stehen (Kap. 2.1). Darauf aufbauend, soll der Frage nach der aktuellen Krise des Sozialstaates nachgegangen werden (Kap. 2.2), bevor im dritten Teil dann die wesentlichen Erkenntnisse Betrachtung finden (Kap. 2.3).

2.1 Abgrenzung Soziale Marktwirtschaft – Sozialstaat

Wie eingangs erwähnt, werden die Bezeichnungen „Sozialstaat" und „Soziale Marktwirtschaft"[8] (SM) im Deutschen üblicherweise gleichsam benutzt; zumindest wenn es darum geht, die wohlfahrtsstaatliche Zielsetzung Deutschlands zu beschreiben (vgl. Kaufmann 1997: 13; Pilz 2004: 15). Um Verwechslungen zu vermeiden und Abgrenzungen zu ermöglichen, ist es wichtig, beide Begriffe zu skizzieren und ihr Verhältnis zueinander zu betrachten. Das bedeutet, dass, um die Differenz zwischen SM und Sozialstaat herauszuarbeiten, es vorerst notwendig ist, eine Kenntnis der SM zu erlangen.

---

7   Da im Zuge der Vereinigung das bestehende System sozialer Sicherung der BRD fast vollständig auf die DDR übertragen wurde (Metzler 2003a: 191-198; Ostheim/Schmidt 2007: 195f), soll die ihrerseits besondere Entwicklung von Sozialstaatlichkeit in der DDR im Rahmen dieser Arbeit keine gesonderte Rolle spielen. Dass daraus dennoch spezifische, v.a. gesellschaftliche Probleme entstanden (vgl. Metzler 2003a: 191-207; Ostheim/Schmidt 2007: 197f; Stolpe 1998: 9f), bleibt anzumerken, kann aber im begrenzten Rahmen dieser Arbeit nicht gesondert behandelt werden.

8   Die Diskrepanz im Verständnis der sozialen Marktwirtschaft kann auch an der Schreibweise erkannt werden. Noch heute ist es recht verbreitet, die Großschreibung (Soziale Marktwirtschaft) zu verwenden; sie weist damit i.d.R. auf die spezifische in der Bundesrepublik umgesetzte Wirtschaftsordnung hin. Die Kleinschreibung des Adjektivs bezieht sich meist auf allgemeine Ausführungen *einer* sozialen (im Sinne von sozial gestalteten) Marktwirtschaft oder aber sie wird bewusst eingesetzt, um zu betonen, dass die ursprüngliche Grundidee nicht im erdachten Sinne umgesetzt worden ist. Da die vorliegende Arbeit auf das Verständnis der speziell bundesdeutschen Wirtschaftsordnung eingeht, soll im Folgenden die Abkürzung SM für beiderlei mögliche Schreibweisen gelten.

Dabei besteht die erste Schwierigkeit darin, dass mit der SM verschiedene Inhalte verknüpft werden: zum einen die (reale) Wirtschafts- und Sozialordnung der Bundesrepublik Deutschland, zum anderen aber auch das Vorbild einer Wirtschafts- und Gesellschaftspolitik, die der realen Entwicklung zum Vergleich dienen soll (Groser 2002: 457). Darüber hinaus ist der Begriff selbst „ideologisch schmiegsam" (Zinn 1992: 44); durch seine Ungenauigkeit lässt er unterschiedlichste Interpretationen und Vorstellungen zu. Daher kommt es auch, dass sich heute fast alle politischen Parteien in Deutschland zur SM als bundesdeutsche Wirtschaftsordnung bekennen, während sich aber die Meinungen über ihre tatsächlichen Grundmerkmale z.t. stark unterscheiden (vgl. ebd.: 9f; Reichel 1998: 83). Die Undeutlichkeiten und auch die Widersprüche, die sich mit der Begrifflichkeit verbinden, deuten darauf hin, dass für ein Verständnis des Sozialen der SM zunächst der Anspruch des Konzeptes und letztlich die realisierte Wirklichkeit betrachtet werden müssen. Hinsichtlich des begrenzten Umfangs dieser Arbeit kann hier nicht auf einen detailliert historischen Überblick, wie und unter welchen Umständen sich die bundesdeutsche Wirtschaftsordnung genau entwickelte, eingegangen werden. Als Lektüre dazu empfohlen werden kann jedoch z.B. Anderson (2003); Erhardt (1964) oder Zinn (1992). Im Rahmen dieser Arbeit soll es genügen, einen Blick auf die SM insoweit herzustellen, dass das Verständnis der sozialen Komponente und damit die „Vermischung" der Begrifflichkeiten deutlich werden. Deshalb soll zunächst die der SM zugrunde liegende Idee dargestellt werden (Kap. 2.1.1), um sie anschließend mit dem Sozialstaat vergleichend vor dem Hintergrund des Grundgesetzes zu beleuchten (Kap. 2.1.2). Schlussendlich soll die Transformation des Verständnisses der SM veranschaulicht werden (Kap. 2.1.3).

2.1.1 Der ideengeschichtliche Hintergrund – Vom klassischen Liberalismus zur Sozialen Marktwirtschaft

Die Krisen der kapitalistischen Weltwirtschaft im späten 19. und frühen 20. Jahrhundert[9] führten zu einer tiefen Ernüchterung bzgl. der Wirtschaftsordnungen der industrialisierten Marktwirtschaften des vergangenen Jahrhunderts. Die wirtschaftstheoretischen Reaktionen daraufhin waren vielfältig und reichten von der Abkehr von klassisch-liberalen Konzepten, über sozial- und wirtschaftspolitisch intervenierenden bis hin zu marxistisch sozialistischen Vorstellungen (vgl. Rei-

---

9   Zu diesen Krisen zählen die Große bzw. Lange Depression (1873–1896), die Deutsche Inflation (1914–1923) mit der Hyperinflation 1923 und die Weltwirtschaftskrise von 1929, die bis in die späten 1930er Jahre andauerte.

chel 1998: 85). Im faschistischen Deutschland, das sich zunehmend sowohl wirtschaftlich als auch geistig isolierte, ordneten sich die meisten Wissenschaftler freiwillig oder auf Druck der offiziellen (Wirtschafts-) Ideologie unter. Es gab jedoch Ausnahmen, die ihre Ideen in der heute üblicherweise als *Neoliberalismus*[10] bezeichneten Schule erarbeiteten (Zinn 1992: 31). Den wohl größten theoretischen Einfluss hatten dabei die Wissenschaftler der sog. *Freiburger Schule*, zu denen die beiden Wirtschaftswissenschaftler Walter Eucken und Leonard Miksch ebenso gehörten, wie die Wirtschaftsjuristen Franz Böhm und Hans Großmann-Dörth oder die Wirtschafts- und Gesellschaftstheoretiker Wilhelm Röpke und Alexander Rüstow. Diese „Freiburger", aber auch andere Wissenschaftler, wie z.B. Alfred Müller-Armack von der *Kölner Schule*, sieht man heute als Vertreter des sog. *Ordoliberalismus*, eine spezifisch bundesdeutsche Variante des *Neoliberalismus* (ebd.: 31f; vgl. auch Reichel 1998: 86; Anderson 2003: 559). Gemeinsam war ihnen die Vorstellung, dass das „wirtschaftliche Lenkungssystem"[11] den entscheidenden Ausgangspunkt für die Gestaltung der Wirtschaftsordnung bildet.[12] Dabei lehnten die Neoliberalen eine reine Zentralverwaltungswirtschaft aufgrund des ihr immanenten Mangels an Effizienz und der Konzentration von Macht ab und befürworteten die Wettbewerbswirtschaft, der neben der größeren Leistungsfähigkeit auch die Möglichkeit der Lösung sozialer Probleme zugeschrieben wurde (Anderson 2003: 559f; vgl. auch Erhard 1967: 98-131; Müller-Armack 1947: 54-58). Bzgl. des Eintretens für das Prinzip des Freihandels und für eine minimale Sozialpolitik zur Sicherung des Existenzminimums in außerordentlichen Notlagen, kann der *Neoliberalismus* durchaus als „Wiederaufleben" der Idee des *klassischen Liberalismus* gesehen werden. Neu

---

10   Das Ordnungskonzept des *Neoliberalismus* ist heute wohl das am schwersten zu definierende. In politischen Diskursen wird es oft als „Kampfbegriff gegen alles [M]arktwirtschaftliche verwendet" (Reichel 1998: 85). In Anlehnung an Reichel soll er hier als ein „von seinen (wahren oder angeblichen) Nachteilen gereinigter *Liberalismus*" (ebd.) verstanden werden. In diesem Sinne befasst sich der *Neoliberalismus* mit der Entstehung der sozialen Frage, der Problematik zunehmender Wettbewerbsbeschränkungen und unberechenbarer Konjunkturschwankungen (ebd.).

11   Typischerweise wird zwischen zwei Lenkungssystemen differenziert: auf der einen Seite die zentrale staatliche Planung in Form einer Zentralverwaltungs- bzw. Planwirtschaft, auf der anderen Seite die dezentrale Planung in Form einer Wettbewerbs- bzw. Marktwirtschaft, in der die Entscheidungen aller Wirtschaftssubjekte über den Markt koordiniert werden (vgl. Anderson 2003: 559f; Pollert et al. 2004: 57).

12   Im Gegensatz z.B. zur Vorstellung von Marx, dessen zentraler Ansatzpunkt die Eigentumsfrage war (Anderson 2003: 559; auch Kalmbach 1996: 125).

ist allerdings die Forderung nach einer staatlichen Wettbewerbspolitik. Die Vorstellungen über den konkreten Inhalt des wettbewerbspolitischen Ordnungsrahmens aber gehen innerhalb des *Neoliberalismus* weit auseinander und reichen von einer *laissez-faire*-Haltung[13] bis hin zur Forderung nach einer starken staatlichen Hand, die den Wettbewerb organisiert und überwacht (vgl. Reichel 1998: 83-85). Letzteres vertraten die o.g. Ordoliberalen und wandten sich damit ausdrücklich von einer *laissez-faire*-Position ab. Ihrer Meinung nach führe eine sich selbst überlassene Wirtschaft zu Machtkonzentration und Aufhebung des Wettbewerbs und damit zu negativen wirtschaftlichen und sozialen Folgen. Die Ordoliberalen sprachen sich daher für einen starken, ordnenden Staat aus, der entsprechende Voraussetzungen für einen funktionierenden Wettbewerbsprozess schafft und sichert (vgl. ebd.: 85f; Anderson 2003: 559f). Während sich auch auf dem Gebiet der Konjunktur- und Währungspolitik vielfältige Meinungen[14] unter den Neoliberalen finden, stößt man auf weitgehende Einigkeit bzgl. sozialpolitischer Interventionen: Die minimale Sicherung gegen existenzgefährdende Notlagen wird meist akzeptiert, die Forderung nach der Schaffung sozialer Gerechtigkeit jedoch in aller Regel abgelehnt (Reichel 1998: 86).

Der Aspekt der sozialen Gerechtigkeit ist nun aber ein ganz wesentliches Merkmal der SM. So ist ihr Konzept zwar eindeutig von den Vorstellungen des *Neo-* bzw. *Ordoliberalismus* geprägt, zeichnet sich jedoch durch größeren Pragmatismus (z.B. hinsichtlich der Einflussnahme auf die Konjunkturpolitik) sowie stärkere Betonung von sozialpolitischen Zielen und sozialer Verantwortung der Träger ökonomischer Macht aus (vgl. Anderson 2003: 560; Groser 2002: 457f). Die Effizienz einer Marktwirtschaft mit dem sozialen Ausgleich zu verbinden, ist das Grundprinzip der Ausgestaltung von SM (Reichel 1998: 86). Mül-

---

13 *Laissez-faire* bezeichnet eine Form des *Liberalismus*, in der der Staat – um die bestmögliche ökonomische Entwicklung und den Wohlstand für die Bevölkerung zu fördern – nicht in das wirtschaftliche Geschehen eingreifen sollte. In extremer Form betrieben, auch *Manchesterliberalismus* genannt, führte sie Anfang des 19. Jahrhunderts neben einer schnellen wirtschaftlichen Aufwärtsentwicklung auch zu Wirtschaftskrisen, Ausbeutung und Verelendung der Arbeiter (Pollert et al. 2004: 29). *Laissez-faire*-Haltung und *Manchesterliberalismus* sollten aus diesem Grund nicht gleichgesetzt werden.

14 So spricht sich z.B. Eucken für eine Warenreservewährung; von Hayek dagegen für die Aufgabe des staatlichen Währungsmonopols aus (Reichel 1998: 86).

ler-Armack, dem die Prägung des Begriffs zugeschrieben wird,[15] sieht in der SM eine Synthese zwischen der marktwirtschaftlichen Freiheit und dem sozialen Ausgleich (1976: 243). Er bezeichnet die SM deshalb als eine „ordnungspolitische Idee [...], deren Ziel es ist, auf der Basis von Wettbewerbswirtschaft die freie Initiative mit einem gerade durch die marktwirtschaftliche Leistung gesicherten sozialen Fortschritt zu verbinden" (ebd.: 245). „Sozialer Fortschritt" soll somit in erster Linie durch den Markt selbst sowie durch soziale Bindungen der Entscheidungsträger und erst in zweiter Linie durch staatliche Umverteilung erreicht werden. Ferner gilt, dem Staat nicht nur die Möglichkeit zum Eingreifen in das Wirtschaftsgeschehen zu geben, sondern vielmehr die Pflicht, sofern es die soziale Gerechtigkeit erfordert (Rohr 1994: 8).

Die SM ist demnach als eine prinzipiell liberale marktwirtschaftliche Wettbewerbsordnung gedacht, die aber durch eine bestimmte ordnungspolitische Steuerung die Ergebnisse des Wettbewerbprozesses so gestaltet, dass sie festgelegten Maßstäben sozialer Gerechtigkeit und Sicherheit genügen. Es ist wichtig zu betonen, dass die SM in ihren Grundgedanken nicht als Kombination zwischen freier Marktwirtschaft und sozialstaatlicher Reparatur verstanden werden darf. Sie ist in ihren Grundzügen als freiheitliches Ordnungskonzept gedacht, in der eine Marktwirtschaft durch entsprechende Ordnungspolitik von vornherein „sozial" ist bzw. gemacht werden kann,[16] keinesfalls aber durch nachträgliche Korrekturen „repariert" werden muss (Reichel 1998: 86). Der Unterschied zwischen neoliberalistischer und sozialmarktwirtschaftlicher Ordnungsvorstellung ist daher v.a. in der Art und Weise der Intervention zu sehen (z.B. Subventionen); für die einen kann systemwidrig sein, was für die anderen – aus sozialen Gründen – erlaubt oder gar geboten ist (Zinn 1992: 33, 47). Was nun aber „sozial"

---

15 In seinem Buch „Wirtschaftslenkung und Marktwirtschaft" spricht Müller-Armack (1947: 59-144) erstmals von der „Sozialen Marktwirtschaft". Auch schreibt er 1952, dass das Konzept der neuen Wirtschaftsordnung auf seinen Vorschlag hin SM genannt wurde (1976: 22). Karl Günther Weiss, ein ehemaliger Mitarbeiter des Reichswirtschaftsministeriums, schreibt in seiner 1996 erschienenen Biografie aber, dass er – nach seinem Vorschlag – im Gespräch mit Erhard bereits am 12. Januar 1945 auf den Begriff SM angestoßen habe (Der Spiegel 1997: 97).

16 Voraussetzungen dafür sind z.B. Privateigentum, Preisstabilität durch eine unabhängige Notenbank, ein funktionierender, staatlich geordneter Wettbewerb, eine Wachstums- und Konjunkturpolitik, die Vollbeschäftigung sichert und Schwankungen der Wirtschaftslage abfedert sowie eine Sozialpolitik, die verbleibende soziale Härten auffängt (vgl. Groser 2002: 458; Reichel 1998: 86f; auch Wünsche 1996: 145-147).

bedeutet, ist seither in ständiger Diskussion und bestimmt sich nach der jeweiligen Macht- und Interessenlage im politischen Prozess (vgl. Biedenkopf 1998: 13, 17; Reichel 1998: 83, 87; Rohr 1994: 8; Zinn 1992: 44f).

2.1.2 Soziale Marktwirtschaft, Sozialstaat und das Grundgesetz

Vor dem Hintergrund des Grundgesetzes (GG) betrachtet, scheint es zunächst paradox, dass die SM im Gegensatz zur Sozialstaatlichkeit nicht in der Verfassung verankert ist. Die fehlende Festlegung auf eine bestimmte Wirtschaftsordnung[17] lässt sich zum einen damit erklären, dass das Grundgesetz im Hinblick auf eine spätere Wiedervereinigung Deutschlands nur als Provisorium gedacht war; zum anderen, weil man sich angesichts der ungewissen künftigen wirtschaftlichen Entwicklungen nicht auf ein gemeinsames Konzept für die Wirtschafts- und Sozialordnung einigen konnte (Rohr 1994: 9). Darüber hinaus sieht beispielsweise Zinn (1992: 11, 99) den Sinn in dem aus der Vergangenheit Erlernten. Nach den Erfahrungen der Weimarer Republik und der Zeit des Nationalsozialismus sollte die ordnungspolitische Entwicklung nicht starren, ideologisch fixierten Rechtsgrundsätzen, sondern dem (parlamentarisch-) demokratischen Kräftespiel überlassen werden (ebd.: 99). Das bedeutet eben auch, dass die fehlende Festschreibung einer Wirtschaftsverfassung dem Gesetzgeber gestattet, der ihm jeweils bestangemessen erscheinenden Wirtschaftspolitik nachzugehen (vgl. Anderson 2003: 561; Rohr 1994: 9). Den Rahmen dafür setzen dabei die Grundrechte,[18] die Staatszielbestimmungen[19] und die Verfassungsaufträge[20] des Grundgesetzes (Rohr 1994: 9-12; Zinn 1992: 99-

---

17   Das Grundgesetz enthält (im Gegensatz zur z.B. Weimarer Reichsverfassung) keinen eigenen Abschnitt zur Wirtschaft (Anderson 2003: 561); es ist wirtschaftspolitisch neutral, d.h. der Verfassungsgeber hat sich nicht ausdrücklich für ein bestimmtes Wirtschaftssystem entschieden (vgl. sog. Investitionshilfeurteil von 1954: BVerfGE 4, 17-19).

18   Grundrechte sind Freiheitsverbürgungen für den oder die einzelne. D.h. aus ihnen können durchsetzbare Rechtsansprüche hergeleitet werden, da sie Gesetzgebung, vollziehende Gewalt und Rechtsprechung unmittelbar binden (Art. 1 Abs. 3 GG).

19   Staatsziele oder Staatszielbestimmungen sind staatsbestimmende Grundideen, die der Politik mehr oder weniger konkrete Ziele vorgeben. Sie dienen der Orientierung für die Auslegung von Rechtsansprüchen, begründen jedoch keine (vgl. Rohr 1994: 11).

20   Verfassungsaufträge geben eine Zielvorgabe für engere Politikbereiche (Rohr 1994: 11). Z.B. verpflichtet Art. 109 Abs. 2 GG „Bund und Länder [...]" bei ihrer Haushaltswirtschaft den Erfordernissen des gesamtwirtschaftlichen Gleichgewichts Rechnung zu tragen."

101, 103). Eine dieser Staatszielbestimmungen ist die Sozialstaatlichkeit. Sie leitet sich direkt aus dem Grundgesetz ab. Darin heißt es: die Bundesrepublik ist ein „sozialer Bundesstaat" (Art. 20 Abs. 1 GG) und ein „sozialer Rechtsstaat" (vgl. Art. 28 Abs. 1 GG). In der Betonung des „Sozialen" spiegelt sich das *Sozialstaatsprinzip* wider; daher kommt es auch, dass von „Sozialstaat" die Rede ist, wenn auf das „Sozialstaatsprinzip" Bezug genommen wird (Pilz 2004: 15). Dabei soll das Prinzip eben nur die staatszielbestimmende Grundidee hervorheben[21] und damit verdeutlichen, dass der deutsche Sozialstaat nicht als separate Institution existieren kann. Die Sozialstaatlichkeit ist vielmehr als eine Besonderheit, eben als ein „Charakteristikum des Staates" (Kaufmann 1997: 22) zu sehen. Mit ihrer Festschreibung im Grundgesetz wird dem sog. „Nachtwächterstaat"[22] des Liberalismus eine klare Absage erteilt: Auch wenn die Sozialstaatsklausel keinen individuellen durchsetzbaren Rechtsanspruch begründet (im Sinne unmittelbarer Teilhabeansprüche gegenüber dem Staat) ist sie unmittelbar geltendes Recht. Der Staat ist demnach gezwungen, das Sozialstaatsgebot zu erfüllen, d.h. er ist verpflichtet, für soziale Sicherheit und soziale Gerechtigkeit Sorge zu tragen[23] (Rohr 1994: 11, 18; vgl. auch Zinn 1992: 100f).

---

21 Genau heißt es: „Die Bundesrepublik Deutschland ist ein demokratischer und sozialer Bundesstaat." (Art. 20 Abs. 1 GG), der „den Grundsätzen des republikanischen, demokratischen und sozialen Rechtsstaates im Sinne dieses Grundgesetzes" (Art. 28 Abs. 1 GG) entsprechen muss.

22 „Nachtwächterstaat" bezeichnet einen Staat, der zwar die Rahmenbedingungen für wirtschaftliche Aktivitäten setzt (z.B. Schutz des privaten Eigentums), jedoch keine aktive Wirtschaftspolitik betreibt. Der Staat nimmt lediglich die Rolle eines Beobachters ein und überlässt dem Markt das freie Spiel der wirtschaftlichen Kräfte (z.B. Pollert et al. 2004: 29). In ihm findet sich kein „soziales Mandat" (Rohr 1994: 18).

23 Konkretisiert wurde das Sozialstaatsgebot durch das BVerfG insofern, dass „die staatliche Gemeinschaft (...) ein menschenwürdiges Dasein" zu sichern und „der Staat die Pflicht hat, für einen Ausgleich der sozialen Gegensätzen und damit für eine gerechte Sozialordnung zu sorgen" (BVerfGE 40, 121, 133; 22, 180, 204) ist. Der Staat muss demnach soziale Sicherheit, sozialen Frieden und soziale Gerechtigkeit gewährleisten. Insofern bilden diese Zielsetzungen zwar die Orientierungsmaßstäbe für die inhaltliche Ausgestaltung der Politik, die konkrete Bedeutung der Begrifflichkeiten bzw. deren Gestaltungsformen sind jedoch umstritten und beruhen in aller Regel auf dem jeweiligen Standpunkt (Kaufmann 1997: 22; Rohr 1994: 19; vgl. Pilz 2004: 17; Zinn 1992: 101). Daher kommt es auch, dass bei der politischen Umsetzung unterschiedliche, häufig weit auseinander liegende Sozialstaatspositionen zum Tragen: konservative, föderalistische, neoliberale, sozialdemokratische, gerechtigkeitsorientierte, kritische. Ausführlicher dazu in: Pilz (2004: 52-88).

2.1.3 Anspruch und Wirklichkeit – Die Transformation des Verständnisses der Sozialen Marktwirtschaft

Die Durchsetzung der durch neoliberale Vorstellungen geprägten SM erfolgte in der Zeit nach dem Zweiten Weltkrieg im Vereinigten Wirtschaftsgebiet[24] bzw. in der späteren jungen Bundesrepublik entgegen dem damaligen Zeitgeist und unter erheblichen Schwierigkeiten.[25] Die unter welt- und binnenwirtschaftlich günstigen Bedingungen[26] rasanten wirtschaftlichen Erfolge wurden jedoch alsbald mit der neuen Wirtschaftsordnung verknüpft und führten so zu rascher Akzeptanz. Schon in den 1950er Jahren konnte die Arbeitslosigkeit beseitigt und die Entfaltungskraft der Marktwirtschaft freigesetzt werden. Der Wirtschaftsaufstieg der BRD stand somit von Anfang an unter dem Leitbild der SM, die in den *Düsseldorfer Leitsätzen*, dem Wahlkampfprogramm der CDU bereits 1949 als neue, *soziale* Wirtschafts- und Gesellschaftsordnung propagiert wurde (Zinn 1992: 13). Die *Düsseldorfer Leitsätze* (CDU-CSU 1949: 26-45) sind nicht nur deshalb von besonderem Interesse, weil sie sich erstmals mit der SM als (wahl-) politisches Leitbild befassen und es somit in die breitere Öffentlichkeit brachten. Vielmehr ist zu bemerken, dass sie auf die soziale Ordnung und die sozialen Sicherungssysteme eingehen und deren Aufgabe darin sehen, die Deutschen untereinander, aber auch mit ihrer neuen Wirtschaftsordnung zu versöhnen (ebd.: 40f, 43). Ebenso wird mit „besonderem Nachdruck" (ebd.: 43) auf die Abhängigkeit der Sozial- von der Wirtschaftsordnung hingewiesen. Biedenkopf (1998: 19f) sieht in diesen Aussagen die ersten Hinweise für die Loslösung der Sozialsysteme von ihrem eigentlichen Grundgedanken – dem, einer sozialen Sicherung – hin zu der Suche nach einem Gleichgewicht zwischen dem Leistungsvermögen der Wirtschaft und der Größe des Sozialsystems. Es sind nach seiner Meinung die Grundsteine für die später expansionistische Sozialpo-

---

24 Das *Vereinigte Wirtschaftsgebiet* (auch *Bizone* genannt) bezeichnet den Teil Deutschlands, in dem die britischen und die US-amerikanischen Alliierten ihre Zonen wirtschaftlich zusammenschlossen und am 01.01.1947 eine deutsche Wirtschaftsverwaltung installierten, die durch Erweiterung der Kompetenzen zu einer Art „Bizonenparlament", dem *Wirtschaftsrat*, ausgebaut wurde, der wiederum die wesentlichen Grundsteine für die weitere Entwicklung der späteren Bundesrepublik legte (vgl. Zinn 1992: 64).

25 Ausführlich dazu beispielsweise in: Erhard (1964) oder Zinn (1992: 59-74).

26 Auch wenn Erhard (1964: 47) im Korea-Boom „mehr Schwierigkeiten als heilsame Impulse" sieht; beschreibt Zinn (1992: 73) den Koreakrieg (1950-53) als Auslöser für einen weltwirtschaftlichen Nachfrageboom, dem das Angebot westdeutscher Exportgüter voll entsprach und die bundesdeutsche Wirtschaft aus ihrer Stagnation riss.

litik der Bundesrepublik und auch für die Änderung im Anspruchs-
verhalten der Bürger (vgl. Kap. 2.2.2.2) (ebd.: 20); Grundsteine für eine
Ordnung, die staatliche Interventionen und Steuerungen mit sozialen,
nicht aber mit ordnungspolitischen Argumenten rechtfertigt und somit keinesfalls dem Sinne der Gründungsväter der SM entspricht (vgl.
Wünsche 1996: 148-150).[27]

Noch während sich Ludwig Erhard ab 1948 als Direktor der Verwaltung für Wirtschaft des Vereinigten Wirtschaftsgebietes und ab 1949
als Bundesminister für Wirtschaft konsequent für die Umsetzung des
Konzepts der SM in ordoliberaler Tradition einsetzte, veränderte sich
das Verständnis von SM merklich. Gestützt auf die positive wirtschaftliche Entwicklung der 50er Jahre, tritt der Aspekt „Sozialstaat" deutlich hervor und zeigt sich beispielsweise im Lastenausgleich[28] oder in
der Diskussion um die Einführung der dynamischen Rente[29] im Jahre
1957 (Anderson 2003: 562). Die damals (von Adenauer gegen Erhard[30])

27   So sah z.B. Müller-Armack die SM nicht als verwirklicht an: 1956 beschreibt
     er das Konzept der SM als ein „Programm der Zukunft" (1976: 248), 1960
     veröffentlicht er Forderungen für eine „zweite Phase der SM" (ebd.: 267-
     291). Auch Erhard erklärte 1974, dass die Epoche der SM längst beendet sei
     und das, was aus dem Konzept der SM geworden war, keinesfalls mehr mit
     seinen Vorstellungen von Freiheit und Selbstverantwortung übereinstimm-
     te (Reichel 1998: 89; vgl. Wünsche 1996: 149f).
28   Das Lastenausgleichsgesetz (LAG) sollte durch Vermögensumverteilung ei-
     nen zumindest teilweise materiellen Ausgleich zwischen den vom Krieg
     (deutschen) Geschädigten und den Nichtbetroffenen schaffen (vgl. Pollert
     et al. 2004: 180).
29   Das aus der Bismarck-Zeit bestehende System der Altersversorgung war
     der dynamisch sich entwickelnden Wirtschaft (samt ihrer steigenden Löhne
     und Preise) nicht mehr angemessen. „Dynamisierung" bedeutete daher die
     Kopplung der Renten an die Bruttolöhne, so dass inflatorische Geldentwer-
     tung ausgeglichen und die wirtschaftliche Entwicklung in Rentenleistun-
     gen widergespiegelt wurde. Darüber hinaus beinhaltete die Rentenreform
     den Wechsel vom Kapitaldeckungs- zum heute noch bestehenden Umlage-
     verfahren, d.h. statt Rücklagen anzusparen (und zu verzinsen) werden die
     Renten nun aus den Beiträgen der jeweils aktiv zahlenden Versicherten be-
     stritten (vgl. Metzler 2003a: 176-178; Ostheim/Schmidt 2007a: 160f). Mit den
     Neuerungen, v.a. der Anhebung auf Lohnersatzniveau, weicht die refor-
     mierte Rente zwar von „Bismarckscher Tradition" ab (Leisering 2003: 173),
     ihr Kern aber – das auf die Erwerbsgesellschaft gerichtete Versicherungs-
     prinzip – blieb nach wie vor erhalten (vgl. Metzler 2003a: 177).
30   Vgl. Leisering (2003: 173); Reichel (1998: 88): Sowohl Erhard als auch Röp-
     ke wandten sich – wenn auch ohne Erfolg – entschieden gegen die 1957 ge-
     plante Rentenreform, da sie eine massive Ausweitung umlagefinanzierter
     Staatsleistungen bedeutete.

durchgesetzte Rentenreform kann durchaus als „Höhepunkt und Wendemarke" (Metzler 2003a: 176) oder „zentrale Weichenstellung des jungen Sozialstaats" (Leisering 2003: 173) bezeichnet werden. Die sozialstaatliche Deutung des Konzepts der SM, also die Veränderung ihres Verständnisses wird noch offensichtlicher mit der stetigen Ausweitung der (von den Ordoliberalen) längst überholt geglaubten traditionellen Sozialpolitik und damit einhergehend dem enormen Anstieg der Sozialleistungen[31] (Reichel 1998: 88). Neben der marktfreundlichen Politik bedeutete SM nun (staats-) intervenierende Sozialpolitik (vgl. Ostheim/Schmidt 2007a: 163). De facto wurde die ursprüngliche Idee der SM in den 1950er und 60er Jahren zunehmend vom Konzept der Globalsteuerung[32] ersetzt. Dabei verwandelte sie sich in eine Vorstellung vom „sozialen Versorgungsstaat", in dem der Staat mit Hilfe von Zwangs- und Herrschaftsinstrumenten wie z.b. der Rechts-, Versicherungs-, Steuer- und Transferpolitik soziale Ungleichheit auszugleichen versucht (Reichel 1998: 89; vgl. Kruck 1997: 190). Was soziale Gleichheit bzw. Ungleichheit dabei bedeutet, bestimmt sich, wie bereits erwähnt, im politischen Prozess und lässt den eigentlichen Grundgedanken der „Sozialen Komponente", den „Wohlstand für alle" (Erhard 1964), der per se aus einer freiheitlichen marktwirtschaftlichen Ordnung entstehen soll,[33] damit vollständig aus dem Blickfeld geraten.

Interessanterweise steht heute – insbesondere vor dem Hintergrund der Massenarbeitslosigkeit, Globalisierungstendenzen, Wachstumsschwä-

---

31   Ausführlich zum „beispiellosen Ausbau des Sozialstaats" (Schmidt 1998: 78) z.B. in: ders. (1998: 78-93); Metzler (2003a: 183-187); Ostheim/Schmidt (2007b: 166f, 170).

32   Globalsteuerung zielt darauf ab, durch Beeinflussung volkswirtschaftlicher Gesamtgrößen, Konjunkturschwankungen und deren negative Begleiterscheinungen, wie etwa Arbeitslosigkeit oder Inflation zu verhindern und ein gesamtwirtschaftliches Gleichgewicht zu erreichen (Pollert et al. 2004: 138). Unter dem Bundeswirtschaftsminister Karl Schiller erhielt das Konzept mit dem sog. Stabilitäts- und Wachstumsgesetz (StabG) 1967 ihre gesetzliche Grundlage (vgl. Anderson 2003: 562f) und dient damit als Instrument, dem im gleichen Jahr (durch eine Änderung im GG) normierten Verfassungsauftrag (s. Fn. 20) – die Erfordernisse des gesamtwirtschaftlichen Gleichgewichts zu berücksichtigen (vgl. Art. 109 Abs. 2 GG) – nachzukommen (Rohr 1994: 19f).

33   Soziale Marktwirtschaft im Sinne Erhards bedeutete eben nicht Beschränkung, Regulierung oder Modifizierung, sondern hieß allen Menschen den gleichen Zugang zur Marktwirtschaft zu gewähren. Aus ihrer Effizienz heraus sollte so nicht nur Wohlstand, sondern eben „Wohlstand für alle" entstehen (Wünsche 1996: 148).

chen und demografischen Veränderungen – die Wirtschaftskonzeption selbst nicht bzw. nicht unmittelbar in der Diskussion. Vielmehr umstritten sind die Auseinandersetzungen um „die Notwendigkeit der Neuinterpretation der sozialen Komponente der SM, zugespitzt „Umbau" oder „Abbau" des Sozialstaates." (Anderson 2003: 566) Um jedoch über tages- und parteipolitische Debatten hinauszublicken, müssen die Ursachen für die gegenwärtigen Probleme analysiert werden. Dies soll im Folgenden geschehen.

2.2 Krisendiskurs

Spätestens seit dem Ende des „großen Booms" in den 1970er Jahren und den seither stetig sich wandelnden ökonomischen Rahmenbedingungen gerät der Sozialstaat immer stärker in die Kritik: Vielen ist er „zu teuer", „zu bürokratisch", „zu ineffizient" oder auch „den heutigen gesellschaftlichen Verhältnissen nicht mehr angemessen" (Metzler 2003a: 7). Die Diskussion um die Krisen des Sozialstaates beachtet jedoch meist weder, dass die Ursachen historisch längst vielschichtig verwachsenen sind, noch, dass die „inneren"[34] Ursachen in der Gesellschaft selbst begründet sind. Darüber hinaus vermischen sich die Ökonomie betreffende Argumente, mit denen, die normative Grundlagen des Sozialstaates (z.B. Solidarität) berühren. Unter der Berücksichtigung, dass letztere historisch z.T. noch nicht eingeordnet oder gar bewertet werden können (ebd.: 208), sollen die aktuellen Krisendiskurse hier, um spekulative Elemente zu vermeiden, vor dem geschichtlichen Hintergrund (soweit nötig) aufgezeigt und sofern möglich mit wirtschafts- und sozialwissenschaftlichen Erkenntnissen auf empirischer Grundlage angeführt werden. Obwohl die Argumente der Diskussion oft auf das Engste miteinander verknüpft sind, soll die nun folgende Darstellung zu Erkenntniszwecken, aber auch aus Gründen der Übersichtlichkeit in Anlehnung an Metzler (2003a) in drei Themenblöcke aufgegliedert werden: die ökonomische (Kap. 2.2.1), die politische (Kap. 2.2.2) und die soziokulturelle (Kap. 2.2.3) Dimension der Krise.

---

34   Im Gegensatz zu den „äußeren" Ursachen, die unter den Schlagworten „Globalisierung" und „Entgrenzung", d.h. dem Ende „klassischer" Nationalstaatlichkeit subsumiert werden können. Ausführlich dazu z.B. in: Metzler (2003a: 236-254). Vorliegende Arbeit konzentriert sich auf die „inneren" Ursachen.

2.2.1 Ökonomische Krise

Die seit langem geführte Diskussion um die ökonomische Krise des Sozialstaates stellt sich hauptsächlich in folgenden Thesen dar: der Sozialstaat sei zu teuer, seine Finanzierung nicht mehr gesichert, er beschränke, gar schwäche wirtschaftliches Wachstum, behindere die internationale Wettbewerbsfähigkeit und sei, aufgrund der hohen Abgaben selbst Schuld an dem Problem der Arbeitslosigkeit, was wiederum zur finanziellen Überlastung des Sozialstaates führe (vgl. Glaab 2003: 7; Metzler 2003a: 209, 211). Die ökonomische Dimension der Krise soll deshalb entlang dieser Aussagen untersucht werden.

2.2.1.1 Der Sozialstaat ist zu teuer

Hinsichtlich der Frage, ob der Sozialstaat zu teuer sei, führt u.a. Reichel (1998: 88) die massive Ausweitung staatlicher Sozialleistungen anhand der drastisch gestiegenen Staatsquote,[35] also der Relation zwischen den Ausgaben des Staates und dem Bruttoinlandprodukt (BIP) an. Während sie 1950 noch 30,8% betrug, bis in die 1990er auf über 50% anstieg (Hahlen 2002: 1050; Reichel 1998: 88) und im Jahr 2007 bei 43,89%[36] lag, ist daran trotzdem nicht festzumachen, dass der Staat fast die Hälfte des BIP beanspruche. Da weder Sozialbeiträge noch Einkommenstransfers, wie z.B. Renten, unmittelbare Bestandteile des BIP sind, handelt es sich hier um eine sog. *unechte Quote*. Die Staatsquote spiegelt lediglich die o.g. Beziehung wieder; sie ist eine reine Beziehungszahl (vgl. Hahlen 2002: 1050). Auch die von Kritikern oft angeführte Darlegung der Ausweitung von Sozialausgaben – sie ist im Laufe von vierzig Jahren auf mehr als das Zwanzigfache gestiegen – gibt allein noch keinen Hinweis auf die Expansion des Sozialstaates. Schließlich ist auch das BIP enorm gewachsen, im selben Zeitraum um ca. das Zwölffache (vgl. ebd.: 1048; Ribhegge 2004: 2-4). Die Ausweitung des Sozialstaates im Ganzen wird erst durch (sinnvolle) Relationen erkenntlich; so z.B. durch den Anteil der gesamten Sozialleistun-

---

35   Die Staats(ausgaben)quote bezeichnet das Verhältnis der gesamten öffentlichen Ausgaben zu einer Sozialproduktgröße (meist das BIP) (vgl. Pollert et al. 2004: 189). Sie gilt als zentrale Kennziffer für Umfang und Ausweitung der Staatstätigkeit (Hahlen 2002: 1050).

36   Eigene Ermittlung anhand der Daten des Statistischen Bundesamtes (StatBA) (2008b: 627, 642), worin das (preisbereinigte) BIP für 2007 (in Mrd. EUR) mit 2 423,80; die Ausgaben des Staates mit 1 063,77 ausgewiesen sind. Demzufolge ergibt sich eine Staatsquote i.H.v. 43,89%.

gen nach dem Sozialbudget[37] am BIP, der sog. *Sozialleistungsquote*.[38] Sie betrug 1960 noch 21,5% stieg bis 1975 auf 32,5%, fiel dann mit einigen Schwankungen bis 1990 auf 28% zurück, um dann vereinigungsbedingt 1996 auf 34,1% anzuwachsen. Fünf Jahre später betrug sie 33,8%. Preisbereinigt, d.h. unter der Berücksichtigung des erhöhten Preisniveaus seit 1960 waren die Sozialleistungen damit um etwa das Sechsfache gegenüber dem knapp vierfach gewachsenen realen BIP angestiegen (Hahlen 2002: 1048-1050). Allerdings beinhalten diese Zahlen auch private Leistungen (in Form von Beiträgen). Da beispielsweise das Bundesministerium für Arbeit und Soziales (BMAS) (2008) die im Sozialbudget dargestellten Leistungen u.a. um private Beiträge bereinigt, weichen die Angaben zwar voneinander ab, in der Tendenz aber lassen sich ähnliche Ergebnisse erkennen. Hinsichtlich der Frage nach rein staatlichen Sozialleistungen ist das Datenmaterial der OECD dennoch aussagekräftiger, da bei der Ermittlung der öffentlichen Nettosozialausgaben sowohl private Sozialleistungen als auch die verzerrenden Effekte des Steuersystems[39] unberücksichtigt bleiben (vgl. Obinger 2007a; Schmidt 2007b: 125). Die öffentlichen Nettosozialausgaben sind somit der geeignete Indikator dafür, wie viel der Staat tatsächlich für die Sozialpolitik ausgibt. Für das Jahr 2005 ergab der Anteil der öffentlichen Sozialausgaben nach Steuern in Deutschland 33,4% (OECD 2009: 99); 2003 betrug er noch 29,2% des BIP (dies. 2007: 85).

---

37 In der Konzeption des Sozialbudgets werden Sozialleistungen wesentlich weiter definiert und funktional eher dem Sozialbereich zugeordnet als im Rahmen anderer Volkswirtschaftlichen Gesamtrechnungen (VGR). So wird beispielsweise die Entgeltfortzahlung der Arbeitgeber im Krankheitsfall den sozialen Leistungen und nicht wie in den VGR als Lohn- und Gehaltseinkommen ausgewiesen. Es werden nicht nur die Ausgaben des Staates, sondern die aller Leistungsträger berücksichtigt und auch andere Klassifizierungen (Art der Leistung, Art und Quelle der Finanzierung etc.) vorgenommen (vgl. Hahlen 2002: 1046-1048).

38 Die Sozialquote (genauer: Sozialleistungsquote) bezeichnet das Verhältnis vom Gesamtleitungsvolumen des Sozialbudgets zum Bruttoinlandsprodukt zu Marktpreisen (Ribhegge 2004: 4).

39 Der sozialpolitische Ausgabenaufwand wird durch zwei Effekte des Steuersystems beeinflusst: Zum einen werden Steuern und Sozialbeiträge direkt auf Transferleistungen und indirekt Steuern auf die Güter und Dienstleistungen, die mit dem Transfereinkommen finanziert werden, erhoben; zum anderen gibt es sozialpolitisch motivierte Steuervergünstigungen und/oder steuerpolitische Maßnahmen, soziale Vorsorge zu fördern (Obinger 2007a: 2; vgl. auch Schmidt 2007b: 425).

Auch wenn die jeweilige Statistik der OECD (2007; 2009), des BMAS (2008) oder des StatBA (2008b; Hahlen 2002) aufgrund verschiedener Bereinigungen voneinander abweichende Angaben über die Höhe der Leistungsangaben beinhaltet, zeigen die Zahlen mehr als deutlich, dass ein erheblicher Teil des Volkseinkommens, also des BIP, für Sozialleistungen aufgewendet werden. Das Argument der starken Ausweitung und finanziellen Belastung des Sozialstaates ist daher durchaus zu bestätigen. Ob sie aber zu stark oder gar übermäßig ist, ist wohl eher eine Frage des politischen Willens (vgl. ebd.: 1050; Ribhegge 2004: 5); sie kann ferner nur moralisch; nicht aber ökonomisch beantwortet werden.

2.2.1.2 Belastung der deutschen Wirtschaft und Behinderung der internationalen Wettbewerbsfähigkeit

Die zweite These des ökonomischen Krisendiskurses bezieht sich auf das Argument, der Sozialstaat belaste die deutsche Wirtschaft massiv durch die (zu) hohen Sozialabgaben und behindere zudem ihre internationale Wettbewerbsfähigkeit (Metzler 2003a: 211; dies. 2003b). Dies soll im Folgenden nachgeprüft werden.

Der Umfang von Sozialstaatlichkeit hat durchaus Einfluss auf das Wachstum der Wirtschaft. So kann er das Wachstum fördern, oder aber auch hemmend wirken. Wird eine bestimmte (die sog. *kritische*) Grenze überschritten, halten zusätzliche sozialstaatliche Ausgaben die ökonomische Entwicklung an und entziehen ihr somit zunehmend die eigene Finanzierungsbasis (Reichel 1998: 90). So legt die doch recht hohe Sozialleistungsquote in Deutschland (vgl. Kap. 2.2.1.1) zwar eine dämpfende Wirkung nahe; wie stark aber die sozialen Leistungen die Wachstumshemmung tatsächlich beeinflussen, hängt auch von anderen Faktoren wie z.B. dem bereits erreichten ökonomischen Niveau ab oder dem Demokratiealter ab (Metzler 2003a: 211; Schmidt 1998: 262).[40] Auf der anderen Seite jedoch ist auch eine niedrigere Sozialleistungsquote lange kein Garant für eine dynamische wirtschaftliche Entwicklung.[41] Zweifellos beansprucht der Sozialstaat die Wirtschaft; die Elastizität bzw. die Belastbarkeit der Ökonomie ist jedoch meist

---

40 Obinger (2007b: 322f) widerspricht zwar dem Einfluss von Demokratieform u.ä. Variablen, zeigt aber andere politische Faktoren, wie z.B. politische Stabilität, Eigentumsrechte oder Rechtssicherheit für die Beeinflussung der ökonomischen Entwicklung auf.

41 So wuchs z.b. die Wirtschaft in der Schweiz trotz der niedrigen Sozialleistungsquote jahrzehntelang „nur gemächlich" (Schmidt 1998: 263).

größer, als erwartet wird (Schmidt 1998: 266).[42] Darüber hinaus spielt auch die Ausgabenstruktur eine Rolle: Während passive Sozialpolitik das Wirtschaftswachstum prinzipiell bremst, können Ausgaben für aktivierende Sozialpolitik (z.b. öffentliche Förderung von Ausbildung und damit von Forschung und Entwicklung) durchaus Wachstumsimpulse[43] geben (Obinger 2007b: 317f). Selbst wenn der wirtschaftliche Wert bzw. Unwert der Sozialpolitik (nur) schwerlich beziffert werden kann, so sind sozialpolitische Instrumente zu Gunsten der Wirtschaft, z.b. hinsichtlich gesellschaftlicher Integrations- und Stabilisierungseffekte, keinesfalls zu unterschätzen[44] (vgl. Adamy/Steffen 1990: 26; Metzler 2003a: 212f; Schmidt 2007a: 412f; ders. 1998: 258-269; ders. 1989: 151f; Vobruba 1989).

Bezüglich der These, die Sozialstaatsausweitung behindere die internationale Wettbewerbsfähigkeit der deutschen Unternehmen, wird oft auf die zu hohe *Abgabenquote* verwiesen, die Steuern und Sozialver-

---

42   Die Grenzen wirtschaftlich unschädlicher Ausgaben der Sozialpolitik und der Staatstätigkeit wurden im Zeitverlauf mehrmals korrigiert: So lag die als kritisch erachtete Grenze im 19. Jahrhundert bei einer Staatsquote von ca. 10%, fünfzig Jahre später bei ca. 25%, in den 1970er Jahren bei etwa 60% (bzw. einer Sozialleistungsquote von ca. 40%) (Schmidt 1998: 267).

43   Vgl. dazu auch die *Neue Wachstumstheorie*, die daran ansetzt, dass Wachstum durch technischen Fortschritt bedingt ist, dieser aber im Gegensatz zur *Neoklassischen Theorie* nicht exogen, sondern endogen bestimmt wird und deshalb entscheidend vom Wissen also von der (Aus-) Bildung der Menschen abhängt. Ausführlicher dazu z.b. Rehme (2007).

44   Angesichts der im Frühjahr 2009 von Michael Sommer und Gesine Schwan angestoßenen Debatte um „soziale Unruhen" oder der Frage, warum sich in Deutschland angesichts der Massenarbeitslosigkeit noch kein „systembedrohendes Potential an Unzufriedenheit" (Metzler 2003a: 212) aufgebaut hat bzw. die Realisierung zunehmender materieller sozialer Ungleichheiten bisher „ohne politischen Aufschrei hingenommen wird" (Beck 1997a: 19), kann zweifellos auf die stabilisierenden Wirkungen von Sozialpolitik verwiesen werden. So ist z.b. der Erhalt sozialer Leistungen nicht ausschließlich an den Arbeitsplatzbesitz gekoppelt. Darüber hinaus vermittelt Sozialpolitik zwischen Arbeit und Kapital: sie entschärft Konflikte z.B. durch staatliche Transferzahlungen, ermöglicht beschäftigungs- und qualifizierungspolitische Maßnahmen oder setzt präventive Strategien um. Damit sichert sie der Wirtschaft die langfristige Verfügbarkeit der Arbeitskraft, stabilisiert sie durch Aufrechterhalten der Konsumgüternachfrage und fördert (aufgrund der hohen Kosten) gar die produktivitätssteigernde wirtschaftliche Entwicklung (vgl. Adamy/Steffen 1990: 26; vgl. Metzler 2003a: 213; vgl. Schmidt 2007a: 412-414).

sicherungsbeiträge im Verhältnis zum BIP anzeigt.[45] Wenn aber Abgaben nicht für konsumtive, sondern z.b. für Bildung, Infrastruktur u.ä. Maßnahmen eingesetzt werden, könnte die Wettbewerbsfähigkeit eher noch erhöht werden (vgl. Ribhegge 2004: 8f). Die Höhe der Abgaben allein kann demnach kaum als Indiz für mangelnde Wettbewerbsfähigkeit gelten.

Es lässt sich festhalten, dass der Höhe der Sozialabgaben weder eine übermäßige Belastung der deutschen Wirtschaft noch ihre Behinderung im internationalen Wettbewerb zweifelsfrei zugeschrieben werden kann. Sicher aber ist, dass das System sozialer Sicherung in Deutschland an der Erwerbsarbeit ausgerichtet ist, d.h. die hohen Abgaben belasten den Faktor Arbeit. In der Folge wird Arbeit durch Sozialversicherungsbeiträge substituiert.[46] Durch das System der Finanzierung verschlechtert sich die Situation auf dem Arbeitsmarkt (ebd.: 8). Es ist jedoch fraglich, ob diese Tatsache ausreicht, um auf die andauernde Krise des Arbeitsmarktes zu schließen und das Problem der Arbeitslosigkeit zu begründen. Dies soll im Folgenden näher beleuchtet werden.

2.2.1.3 Problem der Arbeitslosigkeit

Dass anhaltende und wachsende Arbeitslosigkeit problematisch für die Finanzierung des auf Erwerbsarbeit ausgerichteten Sozialsystems ist, lässt sich leicht nachvollziehen: Während der Staat auf der einen Seite weniger Beiträge für die Sozialversicherungen, aber auch weniger Steuern einnimmt, steigen auf der anderen Seite die Ausgaben für soziale Leistungen an (vgl. z.b. Adamy/Steffen 1990: 27; Glaab 2003: 6; Metzler 2003a: 211f).

Schaut man auf die Entwicklung der Arbeitslosenzahlen in der Bundesrepublik, stellt man fest, dass die Arbeitslosigkeit seit 1969 stark angestiegen und sich über drei Jahrzehnte lang auf immer höherem

---

45   Im Hinblick auf die Wettbewerbsbeschränkung durch zu hohe Sozialabgaben wird fast regelmäßig auch mit der *Sozialabgabenquote* argumentiert. Diese stellt allein Sozialversicherungsbeiträge im Verhältnis zum BIP dar. Da es aber auch steuerfinanzierte Sozialversicherungssysteme gibt, so z.b. in Großbritannien oder den skandinavischen Ländern, scheint die Betrachtung der *Abgabenquote* (also inkl. Steuern) zunächst aussagekräftiger (vgl. Ribhegge 2004: 6-8).

46   Die Verteuerung des Faktors Arbeit kann auch Anreiz zur Arbeit in der Schattenwirtschaft geben, also dort wo weder Steuern, noch Sozialabgaben für den Lohn abgeführt werden (Schmidt 2007a: 415).

Niveau stabilisiert hat (Ribhegge 2004: 9). Zuvor, insbesondere während der 1960er Jahren wurde ein Zustand der Vollbeschäftigung[47] erreicht (Wingerter 2008: 117), der die Zeiten wirtschaftlichen Wachstums widerspiegelte, die bis zum Ölpreisschock von 1973 andauerten (vgl. Metzler 2003a: 213). Seit 1974 übersteigt die jahresdurchschnittliche Zahl der registrierten Arbeitslosen die Zahl der offenen Stellen; mit Ausnahmen von 1978 und 1980 liegt sie seit 1975 über der Millionen-Grenze. 1983 waren erstmals mehr als zwei Millionen Menschen als arbeitslos registriert. Nach der kurzen Belebung in den Jahren 1990-1992 durch die deutsche Vereinigung, stiegen die Arbeitslosenzahlen und -quoten[48] sowohl in Ost- als auch in Westdeutschland. Im gesamten Deutschland schwankt der Wert der registrierten Arbeitslosen seit 1994 um die vier Millionen; die Arbeitslosenquote hat seither trotz des Aufschwungs zwischen 1998-2001 die 10%-Hürde nicht mehr unterschritten (Wingerter 2008: 117-119). Interessant ist, dass die Arbeitslosigkeit seit den 1970er Jahren – zumindest bis zum Jahre 2007[49] – unabhängig von den jeweiligen Konjunkturzyklen zunimmt. Knapp vier Jahrzehnte lang war die Arbeitslosigkeit mit jeder Rezession angestiegen, aber eben nicht in den darauf folgenden Aufschwungsphasen wieder auf ihr ursprüngliches Niveau zurückgegangen. 2005 erreichte die Zahl der registrierten Arbeitslosen ihren bisherigen Höchststand und lag bei 4,9 Millionen[50] (ebd.: 118).

Der permanente Anstieg v.a. der strukturellen Arbeitslosigkeit (vgl. ebd.: 109; Sontheimer/Bleek 2000: 158) in den vergangenen Jahren legt

---

47   Da es aufgrund saisonaler oder vorübergehender (friktioneller; z.B. bei einem Arbeitsplatzwechsel) Beschäftigungslosigkeit immer Arbeitslosigkeit gibt, meint Vollbeschäftigung, dass die Zahl der Arbeitslosen kleiner ist als die Zahl der offenen Stellen (Wingerter 2008: 117).

48   Die Arbeitslosenquote bezieht sich hier (nach der Bundesagentur für Arbeit (BA)) auf abhängig zivile Erwerbspersonen (ebd.: 118).

49   Dass die Arbeitslosenzahl seit 2007 sinkt, kann auch daran liegen, dass prekär Beschäftigte, z.B. Ein-Euro-Jobber, Mini-Jobber, aber auch Vollzeittätige, die auf eine „Aufstockung" durch Arbeitslosengeld (ALG) II angewiesen sind, nicht erfasst sind. Wingerter (2008: 120) schätzt die Zahl der Bezieher von ALG II, die nicht als Arbeitslose registriert waren, für 2007 auf 2,8 Millionen.

50   Die Einführung der sog. Hartz-Gesetze führte durch die Zusammenlegung der Arbeitslosen- und Sozialhilfe zu einer Ausweitung der Zahl der Arbeitslosen. Aufgrund der Umstellung in der Ermittlung der Datenbasis für 2005 wurden Daten teilweise korrigiert oder geschätzt. Die auf die Hartz-Reform beruhende Erhöhung der Arbeitslosenzahl wird mit 380 000 veranlagt (Wingerter 2008: 117f).

das Argument nahe, der Sozialstaat selbst verstärke die Arbeitslosigkeit, allein indem er (immer mehr) soziale Sicherungen bereitstelle. Es heißt, (hohe) soziale Leistungen verringerten die Bereitschaft eine ggf. auch schlechter bezahlte Tätigkeit anzunehmen. Ebenso verstärke die lange Dauer der Unterstützung die Langzeitarbeitslosigkeit (Metzler 2003a: 212; vgl. Schmidt 1998: 264). Abgesehen von „einschneidenden familiären, psychologischen und sozialen Folgen für die Betroffenen"[51] (Sontheimer/Bleek 2000: 158) können die Probleme des Arbeitsmarktes aber keinesfalls allein dem Netz der Sozialleistungen zugeschrieben werden. Vielmehr spielen divergierende Interessen zwischen Arbeitslosen und Arbeitsplatzbesitzenden, den sog. In- und Outsidern[52] (Metzler 2003a: 212), das Ende des wirtschaftlichen Booms in den 70er Jahren, die restriktive Geldpolitik der Bundesbank, verfehlte Wirtschaftspolitik, Staatsversagen oder auch der technologische Wandel (vgl. Ribhegge 2004: 10-12) verbunden mit der Debatte um den Wandel der Arbeitsgesellschaft (vgl. Wingerter 2008: 109; Rifkin 2007; Engler 2006) eine Rolle. Da die Diskussion um die Ursachen sowohl des hohen Niveaus, als auch die permanente Zunahme der Arbeitslosigkeit komplex und teilweise widersprüchlich ist, soll sie hier nicht dargestellt werden. Für eine Übersicht der wichtigsten Erklärungsansätze sei z.B. auf Ribhegge (2004) verwiesen. Festzuhalten bleibt, dass die Arbeitslosigkeit keine vorübergehende Erscheinung ist. Mit dem Ende des großen Booms hat sie den engen Zusammenhang zwischen wachsender Prosperität, Vollbeschäftigung und sich ausweitender Sozialstaatlichkeit aufgebrochen und bringt damit seither das auf Erwerbsarbeit ausgerichtete Finanzierungssystem des deutschen Sozialstaates in Bedrängnis.

---

51 Erwerbsarbeit gilt als Mechanismus für die – materielle und soziale – Integration in die Gesellschaft (Beck 1997a: 22). Sie spielt für das Selbstverständnis und die gesellschaftliche Position der Menschen eine zentrale Rolle. Arbeitslosigkeit ist daher nicht nur finanziell, sondern auch der gesellschaftlichen Stigmatisierung wegen ein Problem. So führt sie meist nicht nur zum Konsumverzicht, sondern auch zu Einschränkungen in der Teilhabe am gesellschaftlichen Leben. Verbunden mit Perspektivlosigkeit auf dem Arbeitsmarkt kann dies zu persönlichen Sinnkrisen führen (Wingerter 2008: 109).

52 Die sog. „Insider", also Arbeitsplatzbesitzende, werden bei Lohnabschlüssen, Arbeitszeitregelungen etc. kaum die Konsequenzen für „Outsider", die Nicht-Arbeitsplatzbesitzenden, bedenken (Metzler 2003a: 212). Tarifverträge werden so zulasten Dritter, wie etwa andere Abgabenzahlende (die z.B. für vereinbarte Frühverrentungsprogramme aufkommen müssen), Arbeitslose bzw. -suchende (höhere Eintrittsbarrieren) oder der weniger produktiven Arbeitskräfte (Ersatz durch arbeitssparenden technischen Fortschritt) abgeschlossen (vgl. Schmidt 2007a: 416).

2.2.2 Politische Krise

Die politische Krise des Sozialstaates umfasst insbesondere Fragen politischer Steuerungsfähigkeit, offensichtlicher Reformresistenz sozialstaatlicher Institutionen, gar die Frage grundsätzlicher Berechtigung staatlicher Intervention. Im Wesentlichen geht es dabei um die Diskussion von Effizienz und Legitimität; während erste auch empirisch beobachtet werden kann, stellt zweite vielmehr die normativen Grundlagen des deutschen Sozialstaates in Frage (Metzler 2003a: 209, 214). Um die politische Dimension der Sozialstaatskritik zu erfassen, sollen deshalb nachfolgend sowohl die Effizienz- als auch die Legitimitätskrise thematisiert werden.

2.2.2.1 Effizienzkrise

Um das Problem der Effizienz darzustellen, ist es hilfreich, die Geschichte der Sozialstaatsentwicklung an die kurze Einführung anknüpfend noch näher zu beleuchten. Ohne die „Evolution des modernen ,Anstaltstaates'" (Metzler 2003a: 214) hätte sich Sozialstaatlichkeit kaum entwickeln können. Neben Säkularisierung und Demokratisierung waren Bürokratisierung und Professionalisierung sicher die einflussreichsten Kräfte, die die Entstehung des modernen Sozialstaates vorangetrieben haben. Schon vor der Reichsgründung im 19. Jahrhundert lagen die ersten Maßnahmen, die den damaligen Freisetzungsprozessen und ihren unerwünschten sozialen Folgen entgegen wirken sollten,[53] in den Händen einer leistungsstarken und gestaltungswilligen Verwaltung. Verbunden mit dem Ruf nach staatlicher Regulierung, wuchs die Administration in „preußisch-deutscher Tradition der Reform von oben" (Metzler 2003a: 11) zu einer mächtigen Bürokratie heran, die Wissen und Sachverstand anhäufte, speicherte und eine unparteiliche Entscheidungsfindung für sich beanspruchte. Unterstützend wurden soziale Leistungen immer deutlicher „professionalisiert", d.h. sie wurden aus privater und karitativer Fürsorge (Familie, Kirche) herausgehoben und zunehmend in die Hände von Experten (Sozialpolitiker, Sozialwissenschaftler, Mitglieder der Sozialverwaltungen u.a.) gelegt. Die Funktionsweise des Sozialstaates hing vom Wissenstand und der Effizienz des Zusammenwirkens der Fach- und Sachkundigen ab. Mit ihrer Hilfe zog der Staat immer mehr Aufgaben an sich und er-

---

53 Die ersten Maßnahmen waren im Arbeitsleben erkennbar: England z.B. legte schon 1833 und 1850 eine gesetzliche Einschränkung von Frauen- und Kinderarbeit fest; Preußen regelte letztgenanntes erstmals 1839 per Gesetz (Metzler 2003a: 11). Weitere Beispiele ebd. (2003a: 11, 23-31).

hob für sich den Anspruch, in ökonomische und gesellschaftliche Belange eingreifen zu dürfen oder sogar zu müssen (ebd.: 11, 214f). Die Überzeugung, der Staat könne die gesellschaftliche Entwicklung gestalten und planen, weitete sich insbesondere nach dem Zweiten Weltkrieg aus, als ökonomisches Wachstum und steigender Wohlstand eine feste Grundlage für die Expansion von Sozialstaatlichkeit bildeten. Ihren Höhepunkt erlebte die Sozialpolitik dann in den 1960er Jahren, als sie – vorher lediglich verstanden als Absicherung gegen die gängigen Risiken des Lebens – nun viel weiter interpretiert wurde; z.b. auch den Zugang zu kollektiven Gütern wie Bildung oder Infrastruktur mit einbezog. Mit dem Ende des „großen Booms" in den 70er Jahren wurde nicht nur die finanzielle Basis der Sozialstaatlichkeit erschüttert (vgl. Kap. 2.2.1); vielmehr erwies sich, dass gesellschaftliche, ökonomische und politische Zusammenhänge inzwischen so komplex und interdependent waren, dass der Staat nicht mehr in der Lage war, im Sinne eines einfachen „Ursache-Wirkungs-Schemas" effektiv zu intervenieren. „Jeder Eingriff an einer Stelle konnte Folgen in anderen Bereichen zeigen, die sich der vorherigen Kalkulierbarkeit entzogen." (ebd.: 217) Es war stets mit unerwünschten Nebenwirkungen zu rechnen; ein „Dilemma der Sozialstaatlichkeit".

Dass die seit Jahrzehnten stetige Ausweitung sozialpolitischer Handlungsfelder mit einem stetigen Anstieg an Kosten verbunden war, lässt sich leicht vorstellen. Neben den finanziellen Kosten jedoch, die sich quantitativ beziffern lassen, stiegen auch die sog. Transaktionskosten,[54] die sich in aller Regel nur schwer bemessen lassen. Im Laufe des „großen Booms" führte die zunehmende Unübersichtlichkeit von Staatsaufgaben auch zur Unüberschaubarkeit der Kosten. Die Kosten des „Dilemmas der Sozialstaatlichkeit" stiegen quasi ins Unermessliche und verengten die wirtschafts-, finanz- und steuerpolitischen Handlungsspielräume und damit die staatlichen Leistungs- und Steuerungskapazitäten deutlich. Infolgedessen wurden in den 1970er Jahren erstmals Diskussionen um „übersteigende Transaktionskosten"[55] geführt, die Situation mit Begriffen wie „Staatsüberlastung" oder „Unregier-

---

54 Transaktionskosten beschreiben jegliche Kosten der Koordination einer Transaktion. Das sind z.B. Such-, Informationsbeschaffungs-, Anbahnungs-, Vereinbarungs-, Kontroll-, Durchführungskosten, Such-, Anbahnungs-, Informations-, Zurechnungs- Verhandlungs-, Entscheidungs-, Vereinbarungs-, Abwicklungs-, Absicherungs-, Durchsetzungs-, Kontroll-, Anpassungs- und Beendigungskosten.

55 So wie für den Anteil an Sozialleistungen am Volkseinkommen eine Obergrenze vermutet wird (vgl. Kap. 2.2.1.2), wird auch angenommen, dass es

barkeit" beschrieben und damit ausdrücklich auf die mangelnde Effizienz des Sozialstaates gezielt (vgl. ebd.: 215f).

2.2.2.2 Legitimationskrise

Die eben angesprochene Debatte um die „Unregierbarkeit" führt zu der Frage nach der staatlichen Kompetenz intervenierenden Handelns. Neben den dargestellten Effizienzproblemen entstand sie auch durch die Gegenüberstellung von Staat und Gesellschaft: Der Staat, der immer mehr Aufgaben an sich zog auf der einen, die Gesellschaft, die immer mehr fordert, auf der anderen Seite. Mit der bereits beschriebenen Ausweitung des Sozialstaates im Zuge des „großes Booms" wuchsen nach dem Krieg eben nicht nur staatliche Verteilungsspielräume und Gestaltungsansprüche, sondern auch die Erwartung der Bürgerinnen und Bürger, der Staat könne die gesellschaftlichen Entwicklungen beeinflussen, indem er soziale Not mildert und für soziale Sicherheit sorgt. Die Menschen brachten dem Staat besonders in den 1960er Jahren ein fast grenzenloses Vertrauen in seine Handlungsfähigkeit entgegen und erwarteten, „dass es auch in Zukunft immer mehr Menschen immer besser gehen würde." (Metzler 2003a: 217; vgl. auch Biedenkopf 1998: 18-23; Anderson 2003: 562) Obwohl durch die sich wandelnden ökonomischen Rahmenbedingungen seit den 1970er Jahren viel über einen „Rückbau" des Sozialstaates geredet und die Forderung nach dem „schlanken Staat" immer lauter wurde, erfolgten Reformen des deutschen Sozialstaates nur in Ansätzen. Zum einen ist dies sicher darauf zurückzuführen, dass das Vertrauen als Grundlage politischer Legitimation sozialstaatlichen Handelns[56] keinesfalls erschüttert werden dürfte (Metzler 2003a: 217f). Dass es aber statt Reformbestrebungen eher Reformblockaden gab bzw. diese noch verfestigt wurden, hat jedoch neben dem Grund, Vertrauen um jeden Preis zu erhalten, auch andere, schon lange bestehende Ursachen. So zeigt die Geschichte des modernen deutschen Sozialstaates, dass es zwar im Zeitverlauf zu Modifizierungen oder Ergänzungen gekommen ist, die grundlegende Struktur aber mit ihrem Kern – dem System der Sozialversicherungen

---

für Transaktionskosten eine Größe gibt, mit dem die Leistungsfähigkeit von Staat und politischen System überschritten wird (Metzler 2003a: 216).

56 Vertrauen ist in der Tat eine der Grundlagen für Sozialstaatlichkeit. Dass politische Legitimation nicht nur vom Vertrauen in die *aktuelle*, sondern auch in die *zukünftige* Leistungsfähigkeit der Sozialversicherungssysteme abhängt, ist leicht nachzuvollziehen. Wer heute Beiträge in die Sozialkassen einzahlt, vertraut darauf, dass ihm später Leistungen zustehen und gewährt werden (vgl. Metzler 2003a: 217f).

– über alle politischen Systemumbrüche hinweg nie angetastet wurde (ebd.: 222). Erklärt wird dieses Phänomen mit der sog. *Pfadabhängigkeit*. Das bedeutet, dass ein einmal eingeschlagener Pfad, wie z.B. die Art und Ausgestaltung sozialpolitischer Maßnahmen, in der Regel nicht verlassen wird, selbst wenn sich kostengünstigere oder effizientere Alternativen aufzeigen (ebd.: 222; Kaufmann 1997: 27; vgl. Schmidt/Ostheim 2007a: 24). Des Weiteren ist die Struktur des politischen Prozesses von großer Bedeutung. So gibt es neben der Besonderheit des deutschen Förderalismus[57] überaus viele Akteure und Instanzen, die an politischen Entscheidungen beteiligt sind. Diese sog. *Vetospieler*,[58] verfügen über eine große (Veto-) Macht, Reformenbestrebungen zu behindern bzw. Reformen zu verhindern (vgl. Metzler 2003a: 222; Schmidt/Ostheim 2007b: 64, 66f; Schmidt 2007a: 420f; ders. 2003). Ferner lässt sich auch ein spezifisches Spannungsverhältnis zwischen Erwerbs- und Staatsbürgergesellschaft erkennen, welches neben gesellschaftlichen Konflikten (vgl. Kap. 2.2.3.2) auch einen Teil zur politischen Krise des Sozialstaates beiträgt. Schon seit seinen Anfängen war der Sozialstaat von Inklusion und Exklusion gekennzeichnet; für die einen gab es Sozialversicherungen, für die anderen die Armenfürsorge (vgl. Metzler 2003a: 9-12). Nach wie vor ist die Erwerbsgesellschaft der wichtigste Referenzpunkt sozialpolitischer Entscheidungen. Ihren Mitglieder soll eben nicht nur das Existenzminimum gesichert, sondern möglichst, als eine Art „Statussicherung"[59] der bisherige Lebensstandard garantiert werden (vgl. ebd.: 223; Lippl 2008: 8). Da Normen und Werte, wie z.B. Solidaritäts- und Gerechtigkeitsvorstellungen eine große Rolle in aktuellen Reformdiskursen spielen, tragen Span-

---

57   Im Gegensatz zu zentralistisch organisierten Staaten (wie z.B. England oder Frankreich) ist es durch das deutsche „Mehrebenensystem" von vornherein schwieriger den Gesamtstaat betreffende Entscheidungen durchzusetzen (Metzler 2003a: 221).

58   Dem „Vetospielertheorem" von Tsebelis nach sind *Vetospieler* individuelle oder kollektive Akteure, deren „Zustimmung für einen Politikwechsel unabdingbar ist" (Schmidt/Ostheim 2007b: 66). *Vetospieler* treten in unterschiedlicher Form auf, meist sind sie institutioneller oder parteipolitischer Natur, so z.B.: Koalitionsparteien, der Bundesrat (sofern die Zustimmung der Länder notwendig ist), das Bundesverfassungsgericht, die Opposition im Bundestag (vgl. Schmidt 2003; vgl. Metzler 2003a: 222). Das politische System der BRD ist durch besonders viele „Vetospieler gekennzeichnet, deren Verhalten zudem durch den (wiederum durch das förderale System bedingten) Dauerwahlkampf erheblich beeinflusst wird." (Metzler 2003a: 222f) Ausführlicher zum „Vetospielertheorem" z.B. in Schmidt (2003) oder Schmidt/Ostheim (2007b).

59   Vgl. Kap. 2.2.3.2.

nungsverhältnisse zwischen einzelnen gesellschaftlichen Gruppen ebenfalls zum Scheitern nachhaltiger Reformbestrebungen bei (vgl. Metzler 2003a: 223).

Das durch die verschiedenen Ursachen anhaltende Misslingen wirksamer Reformen stellt das Vertrauen in die – insbesondere zukünftige – Leistungsfähigkeit und damit in die Kompetenz sozialstaatlichen Handelns massiv in Frage. Dass Zweifel an der politischen Legitimität auch zu Zweifeln am gesamten politischen System führen können, kann hier nicht weiter ausgeführt, soll aber dennoch erwähnt werden, um das Gewicht der politischen Glaubwürdigkeit und daraus folgend die Bedeutung politischer Teilhabe für die Zukunft der Gesellschaft herauszuheben.[60] Der damit bereits angedeutete Blickpunkt auf die Gesellschaft führt nun zum dritten Teil der Diskussion um die Krise des Sozialstaates.

2.2.3 Soziokulturelle Krise

Die soziokulturelle Dimension der Krise behandelt den Aspekt der gesellschaftlichen Voraussetzungen entlang der Frage, ob der Sozialstaat der Gesellschaft überhaupt noch angemessen sei. In diesem Kontext ist insbesondere die demografische Entwicklung, die Lage der Erwerbsgesellschaft und das Spannungsverhältnis von Individualisierung und Solidarität zu benennen. Sie sollen deshalb im Folgenden genauer betrachtet werden.

2.2.3.1 Demografische Voraussetzungen

Die Alterung der Gesellschaft[61] kann zweifellos dem Erfolg des Sozialstaates zugetragen werden. Er sorgte für eine bessere medizinische Versorgung, höhere Standards in der öffentlichen Hygiene, Armutsreduzierung, verbesserte Arbeitsbedingungen, Altersrenten u.v.m. Ein höheres Lebensalter aber verstärkt auch das Risiko zu erkranken. Während eine Erkrankung früher relativ schnell zur körperlichen Schwächung und zum Tod führte, entwickelte sich in den letzten Jahren sogar eine neue Phase im Lebenslauf: die Pflegephase. Das Konzept des Rentenversicherungssystems, welches am Ende des 19. Jahrhunderts ausgearbeitet wurde, hatte aber gewiss nicht das Ziel, Lebensunterhalt

---

60   Vgl. dazu z.B. Beck (1997a; 1997b) oder Habermas (1985).
61   Zwischen 1871 und Mitte der 1980er Jahre stieg die Zahl der Männer und Frauen, die älter als siebzig Jahre wurden, um 300-400%, diejenige der Achtzigjährigen um 600-800%, die Zahl der über 85-Jährigen wuchs sogar um 1 000-1 500% (Metzler 2003a: 226).

über einen längeren Zeitraum zu gewährleisten. Die durchschnittliche Lebenserwartung war damals etwa zehn Jahre niedriger als das vorgesehene Renteneintrittsalter, denn bis zum 70. Lebensjahr hatte man – wenn überhaupt – lediglich Ansprüche auf Leistungen aus der Invaliditätsversicherung. Weil die Altersgrenzen für den Renteneintritt sanken und die durchschnittliche Lebenserwartung seither kontinuierlich ansteigt,[62] verlängerten sich die Rentenlaufzeiten[63] und damit die Beanspruchung der Versicherung deutlich (vgl. Metzler 2003a: 226f). Dass die veränderten demografischen Voraussetzungen nicht nur für das System der Altersversorgung, sondern generell für die Konstruktion des bestehenden Sozialversicherungssystems schwierig sind, zeigt auch das Problem, dass die Bevölkerung schrumpft. Schon seit 1972 liegen die Geburtenraten in Deutschland unter den Sterberaten, das bedeutet, dass der Bevölkerungsrückgang nicht mehr durch Geburten ausgeglichen wird (dies. 2003b; Grobecker/Krack-Rohberg 2008: 14). Kurzfristig betrachtet, führt das zwar zu einer Entlastung der Sozialkassen (keine Entbindungskosten, Kindergeldzahlungen etc.); mittel- und langfristig aber fehlen dem Sozialstaat die Beitragszahlungen, die dann immer weniger Menschen leisten müssen (Metzler 2003a: 226; vgl. Zinn 1999: 77). Das bestätigen auch die Ergebnisse der aktuellen Bevölkerungsvorausberechnung,[64] die einen deutlichen Rückgang der Bevölkerung und deren Alterung in den kommenden Jahrzehnten aufzeigen. Die Relationen zwischen Alt und Jung verschieben sich erheblich: während die Anzahl älterer Menschen wächst, geht die der jüngeren zurück. In der Folge altert und schrumpft die Erwerbsgesellschaft und auch ihre Altersstruktur verändert sich maßgebend. Im Jahr

---

62   Innerhalb von 130 Jahren hat sich die Lebenserwartung neugeborener Jungen und Mädchen in Deutschland mehr als verdoppelt. Betrug sie im Zeitraum 1871/1881 noch 35,6 Jahre (Jungen) bzw. 38,4 Jahre (Mädchen), so beträgt sie nach der Sterbetafel 2004/2006 für Jungen 76,6 bzw. für Mädchen 82,1 Jahre. Aber auch die Lebenserwartung älterer Menschen ist deutlich angestiegen: im Durchschnitt haben heute 60-jährige Männer noch weitere 20,6 Jahre, 60-jährige Frauen weitere 24,5 Jahre zu erwarten (Grobecker/ Krack-Rohberg 2008: 21f).

63   Allein zwischen 1960 und 1995 stiegen die Rentenlaufzeiten bei Frauen um 10,8 auf 17,8 Jahre; bei Männern von 9,6 auf 13,9 Jahre (Metzler 2003a: 227).

64   Basierend auf dem Stand zum Jahresende 2005 zeigt die 11. koordinierte Bevölkerungsvorausberechnung die Bevölkerungsentwicklung für Deutschland bis zum Jahr 2050 auf. Die Vorausberechnung erfolgt anhand von Fortschreibungsverfahren und unter Zuhilfenahme maßgeblicher Einflussgrößen wie Geburtenverhalten, Sterblichkeitsraten und Zu- und Abwanderungen in der Bevölkerung. Ausführlicher dazu: Grobecker/Krack-Rohberg (2008: 22-24) und auf www.desatis.de.

2006 standen 100 Personen im Erwerbsalter (20 bis unter 65 Jahre) genau 65 Personen, die sich noch nicht (unter 20-Jährige) und 65 Personen, die sich nicht mehr im Erwerbsalter (über 65-Jährige) befanden,
gegenüber. Im Jahr 2030 werden es, der Bevölkerungsvorausberechnung zufolge, 80 bzw. 82 und im Jahr 2050 89 bzw. 94 sein (Grobecker/
Krack-Rohberg 2008: 22-24).

Aus den dargestellten demografischen Entwicklungen folgend verschärfen sich auch die gesellschaftlichen Konflikte des Sozialversicherungssystems. Die ungleiche sozialstaatliche Versorgung von z.B.
Rentnern oder auch Kinderlosen auf der einen, Familien mit Kindern
oder Alleinerziehenden auf der anderen Seite stört Gerechtigkeitsemp-
findungen und Generationsverhältnisse enorm. Der Schwerpunkt der
Diskussion verschiebt sich damit vom Grundwert der Solidarität auf
den Aspekt der (Verteilungs-) Gerechtigkeit (Metzler 2003a: 228).[65] Die
Debatte um Wertewandel aufgrund demografischer und gesellschaftlicher Entwicklungen und die Angst, nicht den „gerechten Anteil" am
Wohlstand zu erhalten, also das Thema der „sozialen Gerechtigkeit"
hat in jüngsten politischen Diskursen erheblich an Bedeutung gewonnen (vgl. Scheuer 2008: 412, 415). So stellt etwa die Frage, ob „das höhere Lebensalter noch finanzierbar" (Diessenbacher zit. nach Metzler
2003a: 228) sei, nicht nur die Legitimität des Alterns in Frage, sondern
greift tief in den grundsätzlichen Normen- und Wertebestand des
deutsches Sozialstaates ein (ebd.: 228).

2.2.3.2 Erwerbsgesellschaftliche Voraussetzungen

Nicht nur das System der Alterssicherung, auch das der Arbeitslosen-
oder Krankenversicherung sind im Kern so konstruiert, dass sie er-
werbsabhängig sind. Das bedeutet, dass nur, wer Beiträge eingezahlt
hat (bzw. bei einer Person, die Beiträge eingezahlt hat, mitversichert
ist), auch Ansprüche auf Leistungen hat (vgl. u.a. Ribhegge 2004: 8).
Da die Einzahlung der Beiträge an Erwerbstätigkeit gekoppelt ist, können sich auch nur Erwerbstätige von der Wohlstandsverteilung über
Marktprozesse unabhängiger machen. Im Prinzip wird die Stellung
bzw. der Status auf dem Arbeitsmarkt auf das soziale Versorgungssy-
stem übertragen, dort fortgeführt und ist somit auch für den sozialen

---

65 Im Gegensatz zu normativ-philosophischen Gerechtigkeitstheorien (z.B.
nach Rawls oder Hayek) geht es hier um den empirisch-sozialwissenschaft-
lichen Zugang, d.h. es geht nicht um die „objektive Gerechtigkeit", sondern
um subjektive Wahrnehmungen und Äußerungen von Gerechtigkeitsvorstellungen (vgl. Lippl 2008: 30).

(im Sinne von abgesicherten) Status verantwortlich (vgl. Lippl 2008: 8). An dieser Stelle soll das (hinsichtlich der politischen Relevanz) in Kapitel 2.2.2.2 bereits angedeutete spezifische Spannungsverhältnis zwischen Erwerbs- und anderen Mitgliedern der Gesellschaft aufgegriffen und auf das gesellschaftliche Konfliktpotenzial hingewiesen werden, welches aus der Begünstigung nur eines Teils der Gesellschaft (der Erwerbsgesellschaft) resultieren kann. Darüber hinaus aber soll die Struktur des Systems vor dem Hintergrund betrachtet werden, dass sich die „klassische" biografische Erwerbsphase[66] zunehmend auflöst. Dazu tragen häufige Arbeitsplatzwechsel ebenso bei, wie die sich stetig verändernden Qualifikationsanorderungen und damit verbunden wiederholte, ausgedehnte Qualifikationsphasen. Ferner führen auch die sich wandelnden rechtlichen Konstruktionen von Arbeitsverhältnissen, wie z.b. (Schein-) Selbständigkeit oder geringfügige Beschäftigung zur Aufhebung des „Normalarbeitsverhältnisses" (s. Fn. 66). Die Diskontinuitäten in der Erwerbsphase und damit der Mitgliedschaft in den Sozialversicherungssystemen verschärfen das Problem, das auf Dauer und Konstanz angelegte Netz der sozialen Sicherung aufrechterhalten zu können (Metzler 2003a: 230). Wurde Vielfalt und Mobilität einst insbesondere durch Sozialstaatlichkeit befördert, fehlt es nun am Umgang mit ihnen (vgl. Beck 1997a: 20). Wie bereits aufgezeigt, ist Arbeitslosigkeit kein vorübergehendes Phänomen (Kap. 2.2.1.3), daher sind Dauer- und Sockelarbeitslosigkeit eben nicht nur ein finanzielles Problem; sie sind mehr ein strukturelles: Wer keine (oder unkontinuierliche oder niedrig entlohnte) Erwerbsarbeit hat, zahlt keine (oder unkontinuierliche oder niedrige) Beiträge und hat damit keinen (oder wenig) Anspruch auf die sozialen Leistungen. Damit zerfällt, woran sich der Sozialstaat einst ausgerichtet hatte (vgl. auch Metzler 2003a: 229).

2.2.3.3 Spannungsverhältnis von Individualisierung und Solidarität

Wie bereits erwähnt, ist der (moderne) Sozialstaat entstanden, um die Folgen des frühen Kapitalismus zu entschärfen und die Freisetzungseffekte der Industrialisierung aufzufangen. Da die Menschen auf das soziale Netz vertrauen konnten, waren Risiken des Individualisie-

---

66 Die klassische Erwerbsbiografie beschreibt das sog. „Normalarbeitsverhältnis" in der Sozialfigur des Arbeiters, der ein Leben lang im gleichen Betrieb arbeitete, kontinuierlich Lohnerhöhungen genoss und konstant Beiträge an die Sozialkassen abführte (vgl. Metzler 2003a: 230). Beck (1997a: 20) bezeichnet sie sinngemäß als „Lebensberuf".

rungsprozesses, wie z.b. bei Arbeitslosigkeit oder Krankheit, durchaus kalkulierbar. In der Folge wurden einerseits die Freiheit des Einzelnen größer und die Lebensentwürfe bunter. Andererseits aber wurden traditionelle Bindungen an Familien und (Kirchen-) Gemeinden, soziale oder regionale Herkunft zunehmend schwächer und die Verbindlichkeit althergebrachter gesellschaftlicher Normen und Werte, wie z.b. Solidarität, Gemeinsinn oder Gerechtigkeit schwand Stück für Stück dahin (vgl. Metzler 2003a: 233; dies. 2003b). Die Schwierigkeit, die Begrifflichkeiten neu zu definieren, zeigt sich in aktuellen Debatten und Meinungsumfragen: Als Idee findet Solidarität nach wie vor großen Zuspruch, nur die praktische Bereitschaft zu solidarischem Verhalten ist deutlich gesunken (dies. 2003b). Auch wenn es aufgrund der Schwierigkeit der Definition von Solidarität[67] in empirischen Untersuchungen bisher nicht eindeutig bestätigt werden konnte, beobachten Sozialwissenschaftler bereits seit den 1980er Jahren ein wachsendes Maß an Entsolidarisierung in der deutschen Gesellschaft (dies. 2003a: 230f). Umfragen[68] zufolge erhält der Sozialstaat samt Ausweitung seiner Aufgaben eine hohe Zustimmung; tatsächlich wird an den Staat ein hoher Anspruch gestellt (vgl. Glatzer/Hallein-Benze 2008: 290f; Krüger 1999: 283-289; Lippl 2008; Ullrich 2003: 4, 6f). Trotzdem lässt sich daraus nicht automatisch auf die Bereitschaft zur Solidarität schließen. Zum einen lässt sich das auf die Finanzierbarkeit beziehen: Die Mehrheit der Befragten spricht sich für Steuersenkungen bzw. Kürzungen der Staatsausgaben aus, selbst wenn der Umfang von Sozialleistungen dafür schrumpfen müsste (vgl. Krüger 1999: 285, 288-293; Ullrich 2003: 6). Anders formuliert findet sich dieser Aspekt auch in Glatzer/ Hallein-Benze (2008: 290-293): Die Mehrheit der Bevölkerung spricht dem Staat eine höhere Verantwortung und damit auch höhere Staatsausgaben zu, empfindet jedoch sowohl die Steuer- (58%) als auch die Abgabenbelastung (51%) in Deutschland als bereits zu hoch. Zwar be-

---

67   Ein Ansatz zum theoretischen Verständnis vom Solidaritätsbegriff findet
      sich in Krüger (1999: 271-278). Darin wird ausdrücklich auf den unscharfen
      und heterogenen Bedeutungskomplex sowohl im alltäglichen als auch im
      wissenschaftlichen Sprachgebrauch hingewiesen.
68   Die folgenden Ausführungen nach Lippl (2008) beziehen sich auf Erhe-
      bungen im Rahmen des *International Social Survey Programme* (ISSP), Daten
      des *International Social Justice Projects* (ISJP) und des *European Social Survey*
      (ESS); die nach Krüger (1999) auf Untersuchungen *der Allgemeinen Bevölke-
      rungsumfrage der Sozialwissenschaften* (ALLBUS) 1980-1996, auf Datensätze
      des *Euro-Barometers* (1973-1995) sowie des *Politbarometers* (1977-1996) und
      die nach Glatzer/Hallein-Benze (2008) auf die Datenbasis des *Sozialstaats-
      surveys 2005* und *2006*.

tonen die Autoren, dass die Steuer- und Abgabenlast keinesfalls von Mehrheiten abgelehnt wird (ebd.: 293), es wäre jedoch hinzuzufügen, dass ihr auch nicht von Mehrheiten zugestimmt wird. Die Bereitschaft, mehr individuelle (Mit-) Verantwortung, d.h. also auch eine höhere Eigenfinanzierung für soziale Absicherung zu übernehmen, stößt bei der Mehrheit der Befragten durchaus auf Resonanz (ebd.: 290). Es geht also in erster Linie nicht um den Erhalt des Systems für die (Solidar-) Gemeinschaft, sondern um eigene Absicherung. Zum anderen wird das diffuse Bild hinsichtlich der Bereitschaft zur Solidarität in der Diskrepanz zwischen den Nutznießern sozialstaatlicher Leistungen auf der einen und den Personen, die stärker zum Erhalt des Systems beitragen müssen und, oder gar nicht von ihm profitieren auf der anderen Seite deutlich. Erstere stimmen dem Sozialstaat eher zu, als Selbständige und Bezieher höherer Einkommen. Letztgenannte sprechen sich zudem auch eher für (wenn auch zusätzlich zur staatlichen) individuelle Absicherung aus. Insgesamt lässt sich sagen, dass die Befürwortung des Sozialstaates und damit auch die der Solidarität stark von Einkommen, Bildung, Erwerbsstatus, Alter und Geschlecht abhängen (vgl. ebd.: 289f; Lippl 2008: 12, 47; Metzler 2003a: 232). Erkennbar wird, dass die vom Sozialstaat erst ermöglichte Individualisierung nun das eigene, normative Fundament – das der (sozialstaatlichen) Solidarität[69] – zunehmend zerstört.

2.3 Zusammenfassung und Ergebnis der Betrachtungen

Die vorangegangenen Ausführungen haben die Begrifflichkeiten der SM und des Sozialstaates insofern voneinander abgegrenzt, dass der Unterschied im Verständnis des Sozialen hervorgetreten ist. Die ursprüngliche, ordoliberal geprägte Idee der SM beinhaltete eine Ordnungsvorstellung, die alle Kräfte einer Marktwirtschaft freisetzt, aber durch bestimmte ordnungspolitische Steuerung jeder und jedem Einzelnen von vornherein den Zugang zum Wirtschaftskreislauf gewährleistet. „Sozial" hieß demnach, den sich aus der Effizienz der Marktwirtschaft ergebenen (steigenden) Wohlstand allen gleichermaßen zugänglich zu machen. Bereits mit der Einführung der SM aber gab es verschiedene Deutungen und Interpretationen dieser „sozialen Komponente". Da, wie aufgezeigt, auch das Grundgesetz weite Interpretations- und Handlungsspielräume zulässt, bestimmt sich die Bedeutung

---

69 Vgl. Keupp (1995: 52): Individualisierung baut nicht pauschal alle Solidarbeziehungen ab, eher schafft sie die Möglichkeit einer *freiwilligen* (im Gegensatz zur verpflichtenden, also auch der sozialstaatlichen) Solidarität.

des Sozialen letztlich seither im politischen Prozess. Darüber hinaus wurde dargestellt, dass die Ursachen der Krise des Sozialstaates schon lange gewachsen und tief miteinander verworren sind. So kann die Diskussion zwar in die ökonomische, politische oder soziokulturelle Dimension gespalten werden, festzuhalten aber bleibt, dass, mit dem Ende des „großen Booms" der Zusammenhang von Wirtschaft, Gesellschaft und Sozialstaat aufgebrochen ist. Der Sozialstaat ist teuer, belastet den Faktor Arbeit, ist ineffizient, verliert an Legitimität und ist den Herausforderungen der gesellschaftlichen Entwicklungen scheinbar nicht gewachsen. Von entscheidender Bedeutung ist dabei die Erwerbsgesellschaft. Sie ist der zentrale Referenzpunkt, auf den die Konstruktion des Sozialstaates ausgerichtet ist. Unter den sich verändernden ökonomischen und gesellschaftlichen Voraussetzungen aber kann das Gebilde nicht mehr aufrechterhalten werden. So wurde festgestellt, dass die Belastung der Löhne mit Sozialabgaben durchaus die Situation auf dem Arbeitsmarkt verschlechtert, dass anhaltende und stetig wachsende Arbeitslosigkeit nicht nur vorübergehend ist und sie sich deshalb nicht allein als finanzielles, sondern auch strukturelles Problem erweist. Die Finanzierung des Sozialsystems ist an der Erwerbsgesellschaft angelegt; das Ende des wirtschaftlichen Aufschwungs, die demografischen Entwicklungen, aber auch die Veränderungen in den Erwerbsbiografien rütteln daher nicht nur an den finanziellen Grundmauern des Systems, sondern verstärken auch die gesellschaftlichen Spannungen zwischen Erwerbstätigen und anderen Mitgliedern der Gesellschaft. Diese Spannungsverhältnisse tragen nicht nur zu weiteren Reformblockaden bei. Vielmehr führen sie zu Konflikten mit Normen und Werten, auf denen das System aufgebaut ist und verschärfen damit jede einzelne Dimension der Krise. Der Sozialstaat ist zu daher Recht in die Diskussion geraten. Zum einen lösen sich die ökonomischen, politischen und gesellschaftlichen Grundfesten des Sozialstaates althergebrachter Tradition auf und stellen damit das Grundverständnis bundesdeutscher Sozialstaatlichkeit auf einen neuen Prüfstand. Zum anderen wird auch ersichtlich, dass der Sozialstaat heutiger Prägung unter den gegebenen Bedingungen nicht fortwährend weiter existieren kann. Wenn aber sich der Sozialstaat auflöst, dann löst sich nicht allein nur die Verbindung von Wirtschaft, Staat und Gesellschaft auf. Vielmehr tritt hier die Interdependenz von Sozialstaatlichkeit und Wirtschaft hervor. Ohne entsprechende Wirtschaftsleistung gibt es keinen Sozialstaat, aber ohne Sozialstaat gibt es Probleme, das jetzige System der Wirtschaft weiterhin in Gang zu halten. Denn dazu braucht es eben die Besonderheiten der Vermittlung zwischen den o.g. Sphären, die integrativen und stabilisierenden gesellschaftlichen Effekte und vor allem eben die soziale Absicherung, die nicht nur für ausbleibende Unruhen sorgt, sondern auch für die entsprechende Kaufkraft, die es braucht, damit die Maschinerie der Marktwirtschaft nicht ins Stocken gerät. Es wird deutlich, dass der Sozialstaat eben nicht einfach abgebaut werden kann, sondern umgebaut werden muss.

Für diese Arbeit von Bedeutung sind im Wesentlichen zwei Ergebnisse: Erstens, dass der Sozialstaat, mit seiner auf die Erwerbsgesellschaft ausgerichteten Konstruktion unter den derzeitigen bzw. künftig sich abzeichnenden Bedingungen (anhaltende und steigende Arbeitslosigkeit, die demografische Entwicklung, sich verändernde Erwerbsbiografien, Spannungsverhältnisse innerhalb der Gesellschaft) nicht fortbestehen kann. Zweitens hat es sich gezeigt, dass (trotz der Verankerung im Grundgesetz) das jeweils vorherrschende Verständnis des „Sozialen" ausschlaggebend für die politische Ausgestaltung bzw. Umsetzung des Sozialstaates ist. Wenn es also möglich ist, das „Soziale" gesamtgesellschaftlich neu zu interpretieren oder anders zu begreifen, dann ist es auch möglich, den Sozialstaat neu bzw. anders auszurichten. Als eine der möglichen Alternativen wird vor diesem Hintergrund das bedingungslose Grundeinkommen diskutiert. Dies soll im Folgenden beleuchtet werden.

3 Das Bedingungslose Grundeinkommen

Mit der Diskussion über die Einführung eines *bedingungslosen Grundeinkommens* (GE) gelangt seit einiger Zeit ein sozialpolitisches Konzept in das Zentrum der Öffentlichkeit, dessen „eingängige Begrifflichkeit die Debatte auf der einen Seite so sehr popularisiert, wie sie sie auf der anderen Seite vernebelt." (Zeeb 2007: 1) Bei diesem Konzept handelt es sich bisher lediglich um ein Modell, eine rein politische Forderung (vgl. Rätz 2005: 10). Trotz einiger verwirklichter Ansätze, sowohl in der Vergangenheit[70] als auch heute (z.B. die Sozialdividende des *Alaska Permanent Fund*,[71] ein lokales Experiment in Namibia[72] oder das Gesetz zur Einführung eines allgemeinen GE in Brasilien[73]), gibt es derzeit weltweit kein umfassendes GE. Stattdessen findet sich allein in der deutschen GE-Debatte[74] eine Vielzahl von Begrifflichkeiten: Namen wie *Bürgergeld, Existenzgeld, Sockel-* oder *Legitimationsgeld, Garantiertes Mindesteinkommen, Grundeinkommen* oder *bedingungsloses Grundeinkom-*

---

70 So z.B. das Speenhamland-System (1795), welches jedoch 1834 wieder durch die vorhergehende Armengesetzgebung, die sog. *poor laws* ersetzt wurde; oder auch in den USA breit angelegte Experimente einer *Negativsteuer* (s. auch Kap. 3.1.2) (vgl. Vanderborght/Van Parijs 2005: 16f; Füllsack 2002: 114f).

71 Aus dem 1976/77 etablierten *Alaska Permanent Fund* wird seit 1982 allen ständigen EinwohnerInnen Alaskas unabhängig von Alter, Residenzzeit o.ä. jährlich eine Dividende eines Teils der Staatsbesitz befindlichen Ölquellen ausbezahlt. Mehr dazu z.B. in Füllsack (2002: 116f); Vanderborght/Van Parijs (2005: 35f).

72 In Otjivero, Namibia, einem Dorf mit ca. 1 200 EinwohnerInnen wird im Rahmen eines Experimentes zur Armutsbekämpfung seit Januar 2008 ein GE, der sog. *Basic Income Grant* (BIG) ausgezahlt (vgl. Heß 2008; Berliner Zeitung vom 02.12.2008; Der Spiegel 2009).

73 Im Januar 2004 unterzeichnete der brasilianische Staatspräsident Luiz Inácio Lula da Silva ein Gesetz zur schrittweisen Einführung eines allgemeinen Grundeinkommens (*renda básica de cidadania*). Brasilien ist damit das erste Land der Welt, welches ein GE für alle beschlossen hat; aufgrund der etappenweise geplanten Einführung ähnelt es derzeit allerdings eher noch einer typischen Sozialhilfe (s. Kap. 3.2.2), als einem GE (vgl. z.B. Vanderborght/ Van Parijs 2005: 11, 111f).

74 Auch international gilt der Begriff *basic income* als vorherrschend, doch gibt es auch in der weltweiten Debatte eine große Anzahl von verschiedenen Bezeichnungen und Konzeptionen: so z.B. „basic income", „state bonus", „demogrant", „citizen's wage", „universal benefit", territorial dividend", „national dividend", „allocation universelle", „revenue d'existence", „dividend universel", „renda basica", „reddito di cittadinanza", „basisinkomen", „borgerløn" u.a. (ebd.: 15; Füllsack 2002: 99).

men[75] spiegeln eine Reihe verschiedener Vorschläge und Modelle wider, die nicht nur in der Wissenschaft, sondern auch quer durch alle Parteien und politischen Organisationen diskutiert werden. Trotz der unter dem gleichen Titel erörterten Vorstellungen bestehen erhebliche konzeptionelle Unterschiede, sowohl hinsichtlich der Finanzierung, als auch in Bezug auf die damit im Zusammenhang stehenden Erwartungen, Ziele und Kopplungen (vgl. Blaschke 2005; ders. 2008; HBS 2007; Wagner 2009; Zeeb 2007). In diesem Kapitel wird deshalb vorrangig die Frage danach, was genau ein GE eigentlich ist, behandelt.[76] Dabei werden nicht all die verschiedenen, damals wie heute theoretisch mehr oder weniger konkret ausgestalteten Konzepte vorgestellt.[77] Vielmehr sollen die Wurzeln der Idee für ein GE entlang Geschichte dargestellt werden (Kap. 3.1), bevor das GE selbst für Zwecke dieser Arbeit abgegrenzt und darauf aufbauend schließlich definiert werden kann (Kap. 3.2).

3.1 Entwicklung und Geschichte des Grundeinkommens

Die Idee eines GE wurde nicht erst in neuerer Zeit entwickelt. Bereits im antiken Griechenland und im Römischen Reich manifestierte sich das Bedürfnis nach einer gesicherten Existenzgrundlage (und damit nach Freiheit von existenziellen Ängsten), in entsprechenden Gesetzen.[78] Diese galten schon damals als notwendige Voraussetzung für

---

75 Selbst unter der Bezeichnung *bedingungsloses Grundeinkommen* kursieren Konzepte, die eine Gegenleistung einfordern. So beruht beispielsweise das Modell der Katholischen Arbeiternehmerbewegung (KAB) auf einer Arbeitsverpflichtung im Rahmen der *Triade der Arbeit*, d.h. der Verknüpfung von Erwerbsarbeit, individueller und gemeinwesenbezogener Arbeit (vgl. Schäfers o.J.: 2), von 1 500 Stunden im Jahr. Auch das Modell des Bundes der Deutschen Katholischen Jugend sieht eine mindestens 500stündige Arbeits- bzw. Tätigkeitsbereitschaft vor, die in den Bereichen Familien-, oder Erwerbsarbeit, bürgerschaftliches Engagement oder Bildung zu absolvieren sind (vgl. z.B. Blaschke 2005: 54-58).

76 Die nachfolgenden Ausführungen fokussieren sich auf das in Deutschland diskutierte Grundeinkommen; internationale – insbesondere jüngere – Debatten werden deshalb nach der geschichtlichen Einführung (Kap. 3.1.1; 3.1.2) im Rahmen dieser Arbeit nicht berücksichtigt.

77 Einen systematischen Überblick über die gegenwärtig in Deutschland diskutierten Modelle bietet insbesondere Blaschke (2005; 2008).

78 Durch die im antiken Sparta etwa um 700 v. Chr. eingeführte und knapp 500 Jahre bestehende Verfassung von Lykurg standen den Mitgliedern der spartanischen Gesellschaft schon damals notwendige Güter unabhängig von der von ihnen erbrachten Arbeitsleistung zu. Die Sicherung der Existenz beruhte somit auf der Beschränkung auf das (materiell) Notwendig-

eine funktionierende Bürgergemeinschaft (Burian 2006: 97f). Diese in der Antike gelebten Gesellschaftsmodelle inspirierten und beeinflussten die Entwicklung und Vorstellung eines GE bis heute. Über die Jahrhunderte hinweg wurde die Idee eines GE immer wieder aufgegriffen, der Kern der Diskussionen allerdings verschob sich in mehr oder weniger regelmäßigen Abständen. Um den Ansatz und den Hintergrund des heute diskutierten Konzepts besser verstehen zu können, sollen nachfolgend ausgewählte Leitgedanken und Etappen der langen und traditionsreichen Geschichte des GE benannt werden.[79]

3.1.1 Ideengeschichtliche Wurzeln

Der Renaissancehumanismus (ca. 1400-1600) brachte verschiedene Modelle „idealer" Gesellschaften hervor, in denen ein „angenehmes" Leben für alle gesichert sein sollte (Burian 2006: 16). Aus diesem Grund werden vermutlich die klassischen Utopien dieser Epoche wie z.B. Thomas Morus' *Utopia* (1516/17), Thomas Campanellas *Sonnenstaat* (1623) oder auch Francis Bacons *Neu-Atlantis* (1638) oft als Vorläufer der GE-Idee benannt (Füllsack 2002: 103; Vanderborght/Van Parijs 2005: 15; Vobruba 2006a: 72). Während die Werke der vorgenannten Autoren auf dem theoretischen Charakter einer Utopie verweilten, griff Juan Luis Vives (1492-1540) die Grundgedanken der gesicherten Versorgung mit dem Anspruch auf praktische Umsetzung auf (Burian 2006: 33). In seiner Schrift *De Subventione Pauperum* (1526) lieferte er detaillierte Begründungen für eine Verstaatlichung der Armenfürsorge und schlug konkret ein staatlich garantiertes Mindesteinkommen für alle Einwohner vor. Soziale Verantwortung rechtfertigte er damit, dass die Erde für alle geschaffen sei. Deshalb sollten auch alle, nicht nur die Armen, ein Mindesteinkommen erhalten (Burian 2006: 22f; Füllsack 2002: 103; Vanderborght/Van Parijs 2005: 16).[80] In der Zeit der Aufklärung, als die bürgerlichen Ideale von Freiheit und Gleichheit entwi-

---

ste und ein Sklavensystem. Im Römischen Reich führten die Gracchen im 2. Jahrhundert v. Chr. das sog. „Korngesetz" ein, das ihre Regierungszeit weit überdauerte und eine kostenlose, staatliche Kornversorgung gewährleistete (Burian 2006: 8-13, 97f).

79   Detaillierte Darstellungen über die Grundlagen und Entstehung der GE-Idee sowie der damit verbundenen Debatten finden sich u.a. in: Burian (2006); Füllsack (2002: 103-124); Opielka/Vobruba (1986: 7-12); Vanderborght/Van Parijs (2005: 15-36); Vobruba (2006a: 72-80).

80   Dieses allerdings setzt explizit die Arbeitsbereitschaft voraus; so sollen nicht nur arme sondern auch reiche Müßiggänger diszipliniert werden (Füllsack 2002: 103; vgl. Vanderborght/Van Parijs 2005: 16).

ckelt wurden, erschien Morellys[81] Gesetzbuch der natürlichen Gesellschaft (1754). Darin wurde nicht nur die Ungleichheit des Einzelnen in Überlegungen um ein gesellschaftliches Gleichheitsideal einbezogen. Morelly erweiterte auch den Begriff der Freiheit um das Recht auf Befriedigung der Bedürfnisse, womit er faktisch eine theoretische Grundlage für die Diskussion um das Recht auf eine Existenzsicherung legte (Burian 2006: 41, 98). Schließlich ebnete die Französische Revolution (1789 -1799) den Weg, die Ideale der Aufklärung zu verwirklichen. So erklärte beispielsweise Françoise Noël Babeuf (1760-1797) in Cadastre perpetuel (1789), einen mäßigen Wohlstand für alle durch eine Grundsteuer sicherstellen zu wollen.[82] Wenig später knüpfte Thomas Paine (1737-1809) an dieser Idee an und arbeitete sie weiter aus. Aus der Tatsache abgeleitet, dass der Boden allen Menschen zu gleichen Teilen gehöre, legte er in seiner – dem Gebot der Gerechtigkeit folgenden – Schrift *Agrarian Justice* (1796) das Recht auf eine Grund- und Bodenrente für alle Bürger dar.[83] Das entscheidend Neue an Paines Konzept war, dass das Anrecht auf Leistung für alle nicht mit einer zu erbringenden Gegenleistung verknüpft war (vgl. Burian 2006: 60-63; Füllsack 2002:

---

81 Morelly wurde vermutlich 1715 geboren. Über sein Leben gibt es nur wenige, unklare Informationen (vgl. Burian 2006: 34f).

82 Mit dem Fortgang der Revolution veränderten sich Babeufs Vorschläge über die Sicherung des Wohlstandes. Von der Idee der Grundsteuer (s. Text) über das Recht auf Arbeit (1790) hin zu verschiedenen Schriften über einen "radikal neuen Gesellschaftsentwurf, der durch Gemeinschaftseigentum, allgemeine Arbeitspflicht bei verbesserten Arbeitsbedingungen und soziale Sicherheit gekennzeichnet ist." (Burian 2006: 50)

83 Paines Vorschlag lautete, dass „jedem Mann und jeder Frau beim Eintritt ins Erwachsenenalter einen bescheidenen Pauschalbetrag und später eine kleinen Rente auszuzahlen [sei]." (Vanderborght/Van Parijs 2005: 21) Die Grundidee einer einmaligen Zahlung wurde später wiederholt aufgegriffen. So z.B. 1829, als der Vorsitzende der *Workingmen's Party* Thomas Skidmore anregte, den Wert des Grundbesitzes der im Laufe eines Jahres verstorbenen Bürger zu gleichen Teilen zwischen allen aufzuteilen, die im selben Jahr ins Erwachsenenalter eintreten würden. 1853 schlug der französische Philosoph François Huet vor, bei individuellem Vermögen zwischen persönlichen Leistungsanteil und ererbten Teil zu unterscheiden. Nach dem Tode solle letztgenannter der Gemeinschaft zukommen, um damit eine Grundleistung für alle zu finanzieren. 1999 wurde die Idee von den an der *Yale Law School* lehrenden Professoren Bruce Ackerman und Anne Alstot wiederbelebt: JedeR einzelne SchülerIn solle demnach bei Abschluss der Sekundarstufe einen Anspruch auf eine über die Vermögens- und Erbschaftssteuer finanzierte Leistung i.H.v. 80 000 Dollar haben, die in vier Raten, gekoppelt mit dem allgemeinem Rentenanspruch, ausgezahlt werden sollen (ebd.: 21f).

103-105). Der Grundgedanke eines allgemeinen, bedingungslos garantierten Mindesteinkommens wurde am Ende des 18. bzw. am Anfang des 19. Jahrhunderts wiederholt aufgegriffen und weiter entwickelt. So z.B. von Charles Fourier[84] (1772-1837), der die Grundversorgung als Anrecht der Menschen auf Kompensation für den Verlust des Zugangs zu natürlichen Ressourcen begründete (Füllsack 2002: 106). Ferner sah er in der Einkommensgarantie auch die Grundlage für eine funktionierende Demokratie (vgl. Burian 2006: 98). Sein Schüler, Victor Considérant (1808-1896), forderte 1845 „dem Volk eine Mindestversorgung zu[zu]gestehen" (Considérant 1845, zit. nach Vanderborght/Van Parijs 2005: 24). 1848 legte Joseph Charlier (1816-1896) mit seiner Schrift *Lösung des Sozialproblems* dafür das erste konkrete Konzept vor. In Anlehnung an die Überzeugung, dass natürliche Ressourcen allen gleichermaßen zustünden, sollte die Mindestversorgung für alle durch einen Anteil der Grundrente, also einer Art „Bodendividende" gewährleistet werden. Mit seinem detailliert ausgestalteten Vorschlag vollzog Charlier den entscheidenden Schritt zur Formulierung eines GE-Konzepts im engeren Sinne: allgemein, bedingungslos und Existenz sichernd (Burian 2006: 65; vgl. Vanderborght/Van Parijs 2005: 24).

Trotz der unterschiedlichen Ansätze lag der Fokus der Überlegungen bis zum Ende des 19. Jahrhunderts auf der Sicherstellung einer Art allgemeiner Grundversorgung, die das Problem ökonomischer Knappheit – hauptsächlich durch Beschränkung der Einzelnen und damit auch der Güterproduktion auf das Notwendigste – bewältigen sollte (Wagner 2009: 4; vgl. Vobruba 2006a: 72). Mit der Industrialisierung und der damit einhergehenden steigenden Produktivität wurden allerdings materielle Grundlagen geschaffen, die das Augenmerk der Diskussion nun auf die Verteilung des erzeugbaren Überschusses richteten. Damit wurden konkretere Vorstellungen über die Umsetzung der Idee eines GE entwickelt (vgl. ebd.; Burian 2006: 99), die sich jedoch zunächst nur in einer Vielzahl gesellschaftlicher Totalutopien[85]

---

84 Fourier argumentierte, dass, alsbald die Grundrechte des freien Jagens, Fischens, Sammelns und Weidens verletzt seien, jeder Mensch einen Anspruch auf ein Mindestmaß an Grundversorgung besitze. So forderte er bereits im *Lettre au Grand-Juge* (1803) eine bedingungslose Einkommensgarantie, die er in *La fausse industrie* (1836) noch expliziter ausführte (Vanderborght/Van Parijs 2005: 23).

85 Der kategorische Begriff der „gesellschaftlichen Totalutopien" stammt von Georg Vobruba und meint die utopischen Romane von z.B. Peter Kropotkin oder Edward Bellamy, die – eher intuitiv geleitet – versuchen, "wissen-

und utopischer Dualmodelle[86] niederschlugen (vgl. Vobruba 2006a: 73-77; Opielka/Vobruba 1986: 7-9). Zeitgleich zeigte sich im Zuge der Industrialisierung, dass nicht mehr nur Grund und Boden eine Voraussetzung für die Anhäufung von Reichtum und Besitz darstellten. Auch *Wissen*[87] erwies sich zunehmend als unabdingbar für deren Akkumulation und drang stärker in den Vordergrund. Mit der Erkenntnis, dass Wissen, als Quelle des Reichtums, auf der kollektiven Leistung aller bisher im Arbeitsprozess Beteiligten beruht,[88] veränderten sich auch die Argumentationsstrukturen der GE-Idee. Zu den bisher immer wieder aufgegriffenen Konzepten eines Anspruchs aller auf eine Teilhabe an den natürlichen Ressourcen, kamen nun Gedanken eines Anspruchs auf Teilhabe an dem gemeinsamen gesellschaftlich-kulturellen Wissensschatz hinzu (vgl. Füllsack 2002: 106-108). Diesen Impuls griff Major Clifford H. Douglas in den 1920er Jahren auf und forderte eine *National Dividend*, welche die Gesellschaft für den entgangenen Anteil an ihrem kulturellen Erbe entschädigen sollte (ebd.: 108f).[89] Douglas reihte sich damit in eine Vielzahl von unterschiedlichen Vorschlägen ein, die nach dem Ende des Ersten Weltkrieges in Großbritannien den Diskurs um ein GE bestimmten und erste Merkmale einer öffentlichen Debatte aufwiesen. In ihr fand sich z.B. ein Gesellschaftsmodell, das Anarchismus und Sozialismus verband und ein GE zur Bedürfnisbefriedigung

---

schaftlich fassbare Tendenzen gesellschaftlicher Entwicklungen" (Vobruba 2006a: 74) mit einzubeziehen.

86   Die Vertreter der utopischen Dualmodelle (z.B. Wilhelm Weitling, Karl Ballod und Josef Popper-Lynkeus) verfolgten das Ziel eines garantierten GE unter Beibehaltung einer mehrwertbasierten Privatwirtschaft. Ihr Ansatz beruhte auf der strikten Unterscheidung von Bedürfniskategorien, d.h. zwischen notwendigen und Luxusbedürfnissen und damit verbunden der gesonderte Herstellung der entsprechenden (notwendigen oder Luxus-) Güter (vgl. ebd.: 75-77; Opielka/Vobruba 1986: 9).

87   Wissen ist hier im Sinne von sog. *know how* und bestimmten Fertigkeiten und Fähigkeiten (sog. *skills*) gemeint bzw. allgemeiner: der Fähigkeit, Probleme lösen zu können (vgl. Füllsack 2002: 107).

88   Wissen wird niemals von Individuen allein in Askese oder Isolation geschaffen, sondern immer über gesellschaftliche und kulturelle Grenzen, gar über Generationen hinweg, gesammelt, verwandelt und weiter entwickelt (vgl. ebd.: 107f).

89   Finanziert werden sollte das GE durch die Zinsen, die der Staat von Unternehmen für Anleihen und Kredite erhalte. Das Modell führte zur Gründung der *Social Credits Party* im kanadischen Bundesstaat Alberta, die mit dem Versprechen eines GE i.H.v. 25 Dollar monatlich die lokalen Wahlen gewonnen hatte, mit der Umsetzung des Konzepts aber 1937 von der Förderationsregierung gestoppt wurde. Douglas' Entwurf wäre daher beinahe das erste tatsächlich realisierte GE-Konzept geworden (ebd.: 109).

forderte (Russell 1918); oder ein auf moralischem Anrecht basierendes Konzept eines an das BIP gekoppelten, Existenz sichernden *state bonus* zur Armutsbekämpfung (Milner 1918). Den bis heute im Diskurs wichtigen Begriff *Sozialdividende* (s. Kap. 3.2.3) prägte George D.H. Cole, in Anlehnung an Douglas' Nationaldividende, erstmals 1935. 1943 stand das Konzept einer *Sozialdividende* – ein als erste umfassende Negativsteuerkonzeption geltender Entwurf (Spermann 2001: 39) – im Wahlprogramm der liberalen Politikerin Lady Juliet Rhys-Williams. Mit der Durchsetzung des sog. Beveridge-Plans[90] aber verschwand die Idee eines allgemeinen GE für mehrere Jahrzehnte aus der öffentlichen Debatte Großbritanniens (Vanderborght/Van Parijs 2005: 26-28).

3.1.2 Exkurs: Negative Einkommensteuer[91]

Die „wirkliche Debatte um das allgemeine GE" (Vanderborght/Van Parijs 2005: 28) entfachte sich in den 1960er Jahren in den USA. Um das amerikanische System sozialer Sicherung auf radikale Weise zu vereinfachen, entwickelt Milton Friedman (1912-2006) in *Capitalism and Freedom* (1962) ein Konzept der *Negativen Einkommensteuer* (nachfolgend: NES), welches ein „auszahlbares, pauschales Steuerguthaben im Rahmen der linearen Einkommensbesteuerung" (ebd.; s. Kap. 3.2.3) ist. Auch James Tobin (1918-2002) vertrat – zumindest anfänglich[92] – das Modell der klassischen NES, eine garantierte Mindestsicherung durch Aufstockung von Einkommen unter dem Existenzmi-

---

90 Die Sozialsysteme werden i.d.R. in Beveridge- und Bismarck-Typ unterschieden. Bei dem sog. Beverigde-Typ handelt es sich um eine universalistische, d.h. für alle Staats- oder WohnbürgerInnen, über Steuern finanzierte Mindestversorgung, die im Prinzip als Volks- bzw. Einheitsversicherung angelegt ist (vgl. Butterwegge 1999: 21). Ausführlicher zur ursprünglichen Idee von Beveridge z.B. in Lessenich (2009: 10-12).

91 Die Prägung des Begriffs der *Negativsteuer* bzw. *Negative Einkommensteuer* (NES) geht lt. Vanderborght/Van Parijs (2006: 28f) auf Antoine Cournot (1838) zurück. Die Idee, durch staatliche Transfers bzw. eine Negativsteuer Einkommen unter dem Existenzminimum aufzustocken, gab es jedoch schon im späten 18. Jahrhundert, als 1795 in Berkshire, England, das sog. Speenhamland-System eingeführt wurde. Dies gilt als frühes Praxisbeispiel einer NES, es funktionierte jedoch nur wenige Jahre (Spermann 2001: 39, 80f).

92 Mit dem Konzept des *demogrant* favorisierte Tobin später sogar ein GE im Sinne einer automatischen Vorauszahlung im Gegensatz zur (nachträglich) auszahlbaren Steuergutschrift der NES-Konzeption (vgl. Kap. 3.2.3). 1972 war der *demogrant* sogar Bestandteil im Wahlkampfprogramm des demokratischen Präsidentschaftskandidaten George McGovern (vgl. Vanderborght/Van Parijs 2005: 30).

nimum anhand der Negativsteuer. Im Gegensatz zu Friedman stehen bei ihm jedoch nicht Arbeitsanreize und Systemvereinfachungen im Vordergrund, sondern Gedanken der Armutsbekämpfung (vgl. ebd.; Spermann 2001: 47-56). Die Debatte führte schließlich zu verschiedenen „negative income tax experiments" (Reitter 2004; vgl. auch Vanderborght/Van Parijs 2005: 31).[93] So startete z.B. 1968 noch unter Präsident Johnson ein groß angelegter Versuch, welcher über eine NES finanziert wurde.[94] Trotz positiver Effekte für Minderheiten und keiner sichtbaren Nebenwirkungen auf die Arbeitsbereitschaft wurde das Projekt 1971 gestoppt. Zur gleichen Zeit (ab 1969/70), unter der Regierung Nixons, schaffte es ein NES-Konzept als Kern eines neuen Sozialversicherungsprogramms[95] über das Repräsentantenhaus bis zur Entscheidungsfindung in den Senat. Dort wurde es aber 1972 mit knapper Mehrheit abgelehnt und beendete damit den „Höhenflug" der amerikanischen NES-Debatte (vgl. Vanderborght/Van Parijs 2005: 30f; Füllsack 2002: 115). In Deutschland wurde das Friedmansche Grundgerüst der NES in den 1970er Jahren von Wolfram Engels, Joachim Mitschke und Bernd Starkloff aufgenommen. Unter dem Buchtitel *Staatsbürgersteuer* präsentierten die Ökonomen 1974 einen auf bundesdeutsche Verhältnisse zugeschnittenen NES-Entwurf, der das Steuersystem umfassend reformieren sollte. Dazu wurde die Bezeichnung *Bürgergeld* eingeführt; jene Steuergutschrift für alle, die unter einer bestimmten Einkommensgrenze blieben (Füllsack 2002: 118). 1985 griff Mitschke diese Gedanken abermals auf, untermauerte sie mit Beispielen und Berechnungen (vgl. Mitschke 1985) und begann, das Konzept des *Bürgergeldes* in die Öffentlichkeit zu tragen (Vanderborght/Van Parijs 2005: 32). 1994 wurde sein Entwurf der *Steuer- und Transferordnung aus einem*

---

93   Von den fünf zwischen 1968 und 1976 groß angelegten Experimenten fanden vier in den USA und eines in Kanada statt. Zwischen 700 und 4 800 Probanden bekamen dabei für eine gewisse Zeit eine NES ausbezahlt (Reitter 2004). Ausführlich dazu in den Arbeiten von Widerquist (z.B. 2005).

94   Bei dem von 1968 bis 1971 laufenden Experiment wurden 1300 Familien Mindesteinkommen zugewiesen, die über eine NES finanziert wurden. Ziel war es z.B. herauszufinden, in wieweit die Arbeitsbereitschaft sinken würde; oder welchen Einfluss die fehlenden Arbeitskräfte auf die Wirtschaft hätten. In dem vom *Brooking Institute* präsentierten Ergebnis der Studie wurde kein erheblicher Rückzug vom Arbeitsmarkt festgestellt und auch zeigten sich eindeutig positive Effekte für bestimmte Gruppen, wie z.B. Afroamerikaner (vgl. Füllsack 2002: 115).

95   Der *Family Assistance Plan* (FAP) sollte die bestehende, lediglich auf bedürftige Familien beschränkte Sozialhilfe (*Aid to Families with Dependent Children* – AFDC) in Form von garantiertem Mindesteinkommen und Lohnzuschüssen ersetzen (Vanderborght/Van Parijs 2005: 30).

Guß von der Freien Demokratischen Partei Deutschlands (FDP) aufgegriffen, 1995 in die Koalitionsverhandlungen eingebracht und als politisches Ziel geprüft, schlussendlich aber von der Regierungskommission 1996 abgelehnt (vgl. Füllsack 2002: 118). Dennoch führen die Liberalen den Ansatz bis heute fort und propagieren ihn unter der Bezeichnung *Liberales Bürgergeld* (vgl. KöBüNe 2005).

3.1.3 Grundeinkommensdebatte in Deutschland

In Deutschland wurde die erste intensive öffentliche Diskussion um die Idee des GE in der 1980er Jahren geführt (Lessenich 2009: 5). Wie bereits erwähnt, wurde zwar das Konzept der NES schon Anfang der 1970er Jahre aufgegriffen, doch lösten erst die sozioökonomischen Veränderungen angesichts der steigenden (Massen-) Arbeitslosigkeit, der sich verändernden Produktionskonzepte (Rationalisierung, Standardisierung) sowie, damit einhergehend, der stärker aufkommenden Debatten um das „Ende der Arbeitsteilung" oder gar der „Arbeitsgesellschaft" umfassendere Diskussionen aus. Des Weiteren drängten sich neue soziale Bewegungen in den Vordergrund: feministische und ökologische Aspekte gewannen zunehmend an Bedeutung und schlossen somit den Kreis des Meinungsaustausches um gesellschaftliche post-materialistische Deutungs- und Einstellungsmuster. Buchtitel wie „Befreiung von falscher Arbeit" (Schmid 1984), „Freiheit von Armut" (Opielka/Zander 1986) oder „Wege ins Paradies" (Gorz 1983) verdeutlichen die libertären, emanzipatorischen oder gar utopischen Vorstellungen der damals (und teilweise heute noch) in der Diskussion vorherrschenden Konzeptionen. Im Mittelpunkt der Erörterungen stand „die Überwindung der industriell-kapitalistischen Vergesellschaftungsform mitsamt ihrer Arbeits- und Lebensweisen." (Lessenich 2009: 6) Nur kurze Zeit später, mit dem Zusammenbruch der DDR und anderer sog. realsozialistischer Staaten Ende der 1980er Jahre zersplitterten jedoch sämtliche gesellschaftskritischen bzw. nicht-kapitalistischen Gesellschaftskonzeptionen. So geriet auch die (westdeutsche) Idee des GE ins öffentliche Aus. Die Wiedervereinigung beider deutscher Staaten brachte die Diskussion nicht nur haushaltspolitisch zum Erliegen,[96] vielmehr führte der drastische Verlust industrieller Arbeitsplätze in Ostdeutschland in beiden Teilen Deutschlands zu einer Be-

---

96 Auch die im Rahmen der zunehmenden internationalen Verflechtung sich immer stärker zuspitzenden Standort-Diskussionen führten dazu, dass Knappheitsfragen auf der (multimedialen) politischen Tagesordnung standen und damit jede Chance auf Grundeinkommensüberlegungen im Keim erstickten (Lessenich 2009: 6).

stärkung der Identifizierung mit den traditionsreichen Normen und Werten der Arbeitsgesellschaft. Die unverhoffte Wende kam mit Einführung der sog. „Hartz IV"-Gesetze, der „Agenda 2010" und dem „aktivierenden Sozialstaat". Die angekündigten und durchgesetzten Leistungskürzungen sowie die Politik des „Förderns und Forderns" von erwerbsfähigen Erwerbslosen spiegelte sich nicht nur in der Neustrukturierung der Arbeitsmarktpolitik wider, auch parteipolitische Frontlinien verschoben sich deutlich entlang der Konflikte um die Hartz-Reformen. Die gesellschaftliche Debatte um neue, soziale Fragen von Armut und Ungleichheit, Prekarität, Exklusion, Spaltung und Unsicherheit erwiesen sich als „Nährboden einer unverhofften Renaissance der Debatten um das Grundeinkommen" (ebd.: 7). Im Gegensatz zu den Diskussionen der 1980er Jahre aber sind die Debatten weniger akademisch geprägt; sie vollziehen sich in breiten, lebendigen, außeruniversitären, nicht-wissenschaftlichen Initiativen und Netzwerken und weisen eher kampagnenartige Merkmale auf. Die neueste Diskussion vermittelt daher mehr den „Eindruck einer autonomen Bewegung für ein Grundeinkommen" (Vobruba 2006c: 178). Darüber hinaus aber hat sich das Augenmerk auf Argumente für ein GE deutlich verengt. Während Vobruba (ebd.: 176-178) im Rückblick auf die vielfältige Diskussion der 1980er Jahre noch gesellschaftspolitische, ökonomische und sozialpolitische Argumente gar mehrfach unterscheidet,[97] sind, aufgrund des fortwährenden Scheiterns einer Problemlösung für die Massenarbeitslosigkeit, für die neuesten Debatten hauptsächlich zwei der ursprünglichen Argumentationsstränge von besonderer Bedeutung: das Arbeitslosigkeitsargument und damit verbunden das Armutsargument (ebd.: 179). So zielte und zielt das erste auf die offensichtliche Unmöglichkeit, die viel versprochene Vollbeschäftigung (wieder) herzustellen und trifft damit sowohl die ökonomische als auch die gesellschaftspolitische Argumentationslinie. Zweites betraf und betrifft den Nachweis, dass das System sozialer Sicherung seine Sicherungsfunktion vor dem Hintergrund der sich verändernden Arbeitsmarktbedingungen immer weniger erfüllen kann (ebd.: 177). Keinen Unterschied jedoch, so stellt Vobruba (ebd.: 179) fest, gibt es in der Argumentationsweise: So geht es nach wie vor hauptsächlich um den Versuch des Nachweises, dass ein GE „wünschenswert, erforderlich, notwendig, unabdingbar" sei. „Es geht um gute Gründe" (ebd.); die gesellschafts-

---

97   Vobruba (2006c: 176-178) unterscheidet die ältere GE-Diskussion in gesellschaftspolitische Argumente: Autonomie-, Ökologie-, frauenpolitisches Argument; ökonomische Argumente: Argument alternativer Arbeit, Kaufkraft-, Arbeitslosenargument und sozialpolitische Argumente: Armuts-, Bürokratie, Armutsfallenargument.

politisch relevanten Fragen nach (gesellschaftlichen) Akzeptanzbedingungen aber bleiben dabei im Hintergrund.

Wie bereits erwähnt wurde, ist das Neue an der Diskussion in jedem Fall die breitere Basis, auf der über das GE debattiert wird. Die Vielfalt der BefürworterInnen eines GE spiegelt darüber hinaus die starke Diversifizierung der Ideen und Konzepte wieder. Aus diesem Grund ist es wichtig, den Begriff des GE zu definieren. Dies soll nachfolgend geschehen.

3.2 Definition und Begriffsabgrenzung

Wie der historische Rückblick zeigt, ist die Forderung nach einem GE seit jeher sehr eng mit dem Ziel der Existenzsicherung verknüpft. Es liegt daher nahe, dass den Konzepten für ein GE auch immer Konzepte für eine Grundsicherung gegenüberstehen bzw. in der Diskussion ineinander übergehen (vgl. HBS 2007: 5). Der damit bereits angedeutete Unterschied, aber auch die eingangs erwähnten, sich überschneidenden Begrifflichkeiten der GE-Debatte implizieren die Notwendigkeit, den Begriff des GE eindeutig und unabhängig von geläufigen Argumentationsstrukturen abzugrenzen und zu definieren. Da in dieser Arbeit der Blick auf den Sozialstaat gerichtet ist, soll zunächst ein Überblick über die derzeitige Situation der sozialen (Grund-) Sicherung in Deutschland gegeben und daraus ableitend das Verständnis für eine Grundsicherung im engeren Sinne (i.e.S.) aufgezeigt werden. Nachfolgend wird die Abgrenzung von dieser und einem GE vorgenommen, bevor das GE selbst für Zwecke dieser Arbeit definiert und in seinen möglichen Formen beschrieben wird.

3.2.1 Soziale Sicherung in Deutschland

Das bereits in Kapitel 2.1.2 beschriebene Sozialstaatsprinzip wird in Deutschland durch ein System sozialer Sicherheit umgesetzt, welches aus einem mehrschichtigen Gefüge von Transferleistungen besteht. Im Prinzip besteht es aus mehreren Sicherungssystemen, die z.T. ineinander greifen. Als zentrale Systemprinzipien gelten dabei die *Fürsorge,* die *Versorgung* und die *Sozialversicherung.* Letztgenanntes bildet vom Finanzvolumen her das umfangreichste Sicherungssystem (HBS 2007: 17). Die Sozialversicherung deckt die sog. „klassischen Risiken" (Opielka 2006a: 173; ders. 2007: 4) des Lebens ab. So werden bei Krankheit, Alter oder Arbeitslosigkeit Lohnersatzleistungen ausgezahlt, deren Höhe, Dauer und Umfang sich an vorher geleisteten

Beiträgen orientiert (HBS 2007: 17; vgl. Kap. 2.2.3.2). Neben den Sozialversicherungen gibt es weitere Leistungen, die entweder vom vorherigen *Lohn*einkommenserwerb abhängen (wie z.B. die staatliche Bezuschussung von Renten (sog. Riester-Rente)) oder sich generell am vorhergehenden Einkommen orientieren (dazu zählt beispielsweise das Elterngeld). Diese vorgenannten Leistungen werden dem System der *Versorgung* zugerechnet, welches eben nicht nur Entschädigungen für bestimmte, dem Staat erbrachte Opfer finanziert (z.b. Kriegsopfer), sondern auch dem Staat wichtig erscheinende soziale Status absichert (z.b. für Beamte) und durch Kinder- und Elterngeld, Ausbildungsförderung u.ä. zentrale familien- und sozialpolitische Ziele verfolgt (vgl. Opielka 2007: 3f; ders.: 2006: 172f). Dem System der *Versorgung* gehen – im Gegensatz zum System der *Sozialversicherungen* – keine Beitragszahlungen voraus; sie werden aus Steuermitteln finanziert.

Wie im Kapitel 2.2.3.2 ausgeführt, fallen immer mehr Menschen aus diesen sozialen Sicherungssystemen heraus: Unstetigkeiten in den Erwerbsbiografien führen zu niedrigen Beiträgen und damit zu niedrigen Ansprüchen auf Leistungen aus den Sozialversicherungen; längere Arbeitslosigkeit führt zum gänzlichen Auslaufen des Arbeitslosengeldes (ALG) I und „niedrige und oft kaum existenzsichernde Erwerbseinkommen" lassen i.d.R. keinerlei „Spielraum für private Vorsorge." (HBS 2007: 17) Für diejenigen, für die die Systeme der *Sozialversicherung* und der *Vorsorge* nicht bzw. nicht mehr greifen, hat der Staat ein unterstes soziales Sicherungsnetz gespannt. Es ist das dritte zentrale Systemprinzip der sozialen Sicherheit in Deutschland: Das System der *Fürsorge*, welches in erster Linie sozialstaatliche Hilfen im Falle des Armutsrisikos umfasst. Bis zum 31.12.2004 war dafür das (1961 eingeführte) System der Sozialhilfe nach dem Bundessozialhilfegesetz (BSHG) zuständig, dieses ist jedoch zum 01.01.2005 durch das Sozialgesetzbuch (SGB) II und XII[98] ersetzt worden. Gekennzeichnet ist das

---

98 In der BRD gibt es vier Arten von Leistungen nach SGB II und IV; alle vier haben die gleichen Merkmale (Bedürftigkeitsprüfung etc.) und sind auch in ihrer Höhe identisch: 1.: *Bedarfsorientierte Grundsicherung im Alter und bei Erwerbsunfähigkeit* für Personen ab 65 Jahren und dauerhaft Erwerbsunfähige; 2.: *Grundsicherung für Arbeitssuchende* (ALG II, sog. Hartz IV) („Arbeitssuchende" meint allerdings alle Erwerbsfähigen zwischen 18 und 65 Jahren); 3.: *Sozialgeld* für Familienangehörige von BezieherInnen des ALG II, die selbst keinen Anspruch auf die beiden vorgenannten Leistungen haben (z.B. Kinder) und 4.: eine sog. *Restsozialhilfe* für die Personen, die weder dauerhaft erwerbsunfähig noch erwerbsfähig sind (vgl. z.B. Strengmann-Kuhn 2007a: 5).

System durch die beharrliche Prüfung des Bedarfs (Bedürftigkeits-prüfung), die Finanzierung aus Steuermitteln, der „Nachrangigkeit gegenüber sonstigen Vermögen, Einkommen und Unterhaltsansprü-chen, durch eine bedingte Rückzahlungsverpflichtung und, bezogen auf SGB II, durch ein Sanktionsinstrumentarium zur Verpflichtung auf Erwerbsarbeit." (Opielka 2007: 3) Neben diesen Sicherungssystemen gibt es noch weitere Leistungen, die prinzipiell als Grundsicherungs-leistungen verstanden werden können: So wird beispielsweise das sog. Existenzminimum, d.h. ein Einkommen, das zum Bestreiten des not-wendigen Lebensunterhalts erforderlich ist, steuerlich freigestellt.[99] Auch die Besonderheit der gemeinsamen Veranlagung von Ehepart-nern zur Ermittlung der Steuerschuld, das sog. Ehegattensplitting,[100] kann zu solchen Leistungen gezählt werden (vgl. HBS 2007: 18).

Es lässt sich festhalten, dass die Vielzahl der einzelnen Transferlei-stungen des deutschen Sozialstaates „sowohl in Bezug auf die Rechts-ansprüche, als auch in Bezug auf die administrative Zuständigkeit" (HBS 2007: 18) kaum noch überschaubar sind. Ferner verdeutlicht die dargestellte Situation, dass im Prinzip alle staatlichen Transferlei-stungen als Varianten einer Grundsicherung verstanden werden kön-nen. So unterscheidet z.B. Kaltenborn (1995; 1998) den Begriff „Grund-sicherung" in Grundsicherungssysteme im engeren und im weiteren Sinne. Erstgenannte beschreiben dabei jene Art von Schutz, die der Ab-sicherung der gesamten Bevölkerung, nicht nur einzelner Teile oder Gruppen dienen (vgl. Kaltenborn 1995: 9, 11f; ders. 1998: 15f). Genau genommen heißt es: „Bei der Grundsicherung i.e.S. handelt es sich um ein staatliches Transfersystem, das die materielle Überlebensmöglich-keit eines jeden Gesellschaftsmitglieds unabhängig von den Ursachen seiner Notlage und unabhängig von eigenen Vorleistungen sichert." (Kaltenborn 1998: 16). Demnach kann das eben dargestellte System der *Fürsorge*, also die Leistungen nach SGB II bzw. IV ohne weiteres als eine solche Grundsicherung i.e.S. (nachfolgend: GS) verstanden wer-

---

99 Die Festlegung der Höhe des steuerlich freizustellenden Existenzminimum obliegt der Einschätzung des Gesetzgebers, darf jedoch nicht unter dem im Sozialhilferecht bestimmten Mindestbedarf liegen (vgl. BT 2008: 1f). Derzeit beträgt der steuerliche Grundfreibetrag 7 834 Euro (§ 32a Abs. 1 Nr. 1 EStG) bzw. das Zweifache des Betrages für Ehegatten, die gem. §§ 26, 26b EStG zusammen veranlagt werden (vgl. § 32a Abs. 5 EStG).

100 Das Ehegattensplitting soll(te) Verheirateten die Möglichkeit geben, auf Er-werbsarbeit zu verzichten und i.d.R. den Ehepartner bzw. die Kinder zu versorgen (HBS 2007: 18). Ausführlicher zum sog. „Ernährermodell" z.B. Pfau-Effinger (2006).

den. Fraglich ist nun aber, worin genau sie sich von einem GE unterscheidet. Dies soll im Folgenden veranschaulicht werden.

3.2.2 Grundeinkommen vs. Grundsicherung im engeren Sinne – Explikation der Begriffe

Das GE weist einige Gemeinsamkeiten mit der GS auf; die Begriffe werden daher oft auch analog benutzt (Rätz 2005: 10; vgl. Kaltenborn 1998: 15; HBS 2007: 5). Beide werden zur Sicherung des Existenzminimums *vom Staat* als *regelmäßige Geldleistung* und *ohne vorausgegangene Beitragszahlungen* ausgezahlt. Sie unterscheiden sich damit von Geld- oder Sachleistungen im Rahmen eines Sozialversicherungssystems, in welchem Leistungen allein den Beitragszahlenden bzw. deren Mitversicherten zustehen. Im Verhältnis zueinander besteht ihre Differenz im Wesentlichen darin, dass für die GS festgelegte Voraussetzungen erfüllt sein müssen, während das GE allen Gesellschaftsmitgliedern gleichermaßen zustehen würde. Das bedeutet, das GE wird strikt individuell zugeteilt, ungeachtet der sonstigen Einkünfte oder Vermögen, d.h. ohne Bedürftigkeitsprüfung ausgezahlt, und ist an keinerlei Gegenleistung gebunden. Die GS hingegen aber ist streng an drei Bedingungen geknüpft: Der Anspruch bzgl. sonstiger Einnahmen und Vermögen wird geprüft (Bedürftigkeitsprüfung), die familiäre Situation berücksichtigt und die Gewährung der Leistung an die Arbeitsbereitschaft gekoppelt (Vanderborght/Van Parijs 2005: 13, 61f; auch Rätz 2005: 10). Damit entspricht die GS zwar exakt dem Grundprinzip der staatlichen Fürsorge – sie hilft den Bürgerinnen und Bürgern, die unfreiwillig in Not geraten sind – zeichnet sich aber auch durch *„workfare"*, also eines durch Zwangsmaßnahmen aktivierenden Sozialstaates, aus (Vanderborght/Van Parijs 2005: 19f). Das GE steht dem diametral gegenüber: Es soll deshalb im Rahmen dieser Arbeit in Anlehnung an Vanderborght/Van Parijs (2005) als *„ein Einkommen, das von einem politischen Gemeinwesen an alle seine Mitglieder ohne Bedürftigkeitsprüfung und ohne Gegenleistung ausgezahlt wird"* verstanden werden (ebd.: 14).

3.2.3 Varianten des Grundeinkommens

Ein nach der obigen Definition verstandenes GE kann grundsätzlich in zwei Formen ausgestaltet werden: in Form einer Sozialdividende oder in Form einer NES. Der entscheidende Unterschied ist der Zeitpunkt der Auszahlung: so wird die Sozialdividende *ex ante*, also vor einer abgabe- bzw. steuerrechtlichen Überprüfung der Einkommen und Vermögen ausgezahlt (d.h. unabhängig von der später zu zahlenden

Steuerlast); die NES hingegen *ex post*, also nachträglich, nach bzw. im Rahmen der steuerlichen (nicht sozialadministrativen!) Überprüfung des Anspruchs (vgl. Blaschke 2008: 5). In der Folge wirkt die Sozialdividende wie eine Art „Kopfgeld", welches als einkommensunabhängiger Sockelbetrag allen gleichermaßen zugute kommt. Das Modell der NES hingegen integriert das Anrecht auf einen Sozialtransfer (das GE) in das Steuersystem. So wird der Anspruch je nach Einkommenshöhe voll, teilweise oder gar nicht realisiert (Glotz 1986: 137). Für die Praxis bedeutet das, dass BezieherInnen von Einkommen unter einer bestimmten Grenze (der sog. *Transfergrenze* oder dem sog. *break-even point*) eine Steuergutschrift als negative Steuer ausbezahlt erhalten. Diese verringert sich mit steigendem Einkommen bis zur Transfergrenze zunehmend auf Null. Mit dem Überschreiten dieses *break-even point* kehrt sich der Sachverhalt schließlich um: die positive Besteuerung setzt ein und NettoempfängerInnen werden zu NettozahlerInnen (vgl. Blaschke 2005: 14; Mitschke 2000: 53). Sofern beide Formen in gleicher Höhe und unter gleicher Ausgestaltung der Steuersätze gewährt werden, ist die Verteilungswirkung beider Formen identisch. Bei der NES reduziert sich lediglich das (Umverteilungs-) Volumen des Geldtransfers, da Transferforderungen und Einkommen- oder Lohnsteuerschulden saldiert werden (vgl. HBS 2007: 10; Mitschke 2000: 60).[101] Mitschke (ebd.) bemerkt, dass damit „der Fiskus dem Bürger nicht wie im heutigen Trennsystem in die linke Tasche [steckt], was er ihm vorher aus der rechten Tasche genommen hat."[102] Gemäß ihrer Zielsetzung lässt sich die Diskussion um die NES in zwei Varianten unterscheiden: je nachdem, ob die Funktion einer umfassenden sozialen Absicherung vollständig oder nur zum Teil übernommen werden soll, differenziert man den sog. *poverty gap*- und den sog. *social dividend*-Typ. Letztgenannter deckt bei entsprechendem Fehlen anderer Einkommen und Vermögen den gesamten Lebensbedarf ab, während der *poverty*

---

101 Zu beachten allerdings ist, dass eine als NES ausgestaltetes GE nicht unbedingt identisch mit kursierenden NES-Konzepten ist (vgl. Kap. 3.1.2). Es existieren durchaus NES-Modelle, die beispielsweise den Anspruch nicht individuell, sondern auf Familien bzw. Haushalte ausrichten (vgl. Füllsack 2002: 114) – so z.B. das Modell von Mitschke (1985). Auch Kombilöhne, d.h. Lohnaufstockungen für Erwerbstätige mit niedrigem Einkommen, sind dem Prinzip nach eine NES; auf sie hat allerdings nur Anspruch, wer ein Einkommen aus Erwerbsarbeit erzielt (HBS 2007: 10).

102 Mitschke (2000: 60) führt eine Studie des Rheinisch-Westfälischen Instituts für Wirtschaftsforschung (1994) an, der zufolge ca. 97% der deutschen Erwerbstätigenhaushalte die erhaltenen Transfers mit ihren eigenen Abgaben finanzieren.

gap-Typ nur einen Teil des Lebensbedarfes finanziert und damit die verbleibende Deckungslücke (die sog. Armutslücke) mit dem Zweck der Erhaltung von Arbeitsanreizen absichtsvoll in Kauf nimmt (Mitschke 2000: 53).[103]

Zusammenfassend formuliert soll das GE hier als spezielle Form einer staatlichen Transferleistung aufgefasst werden, welche sich durch Universalität, Individualität und Bedingungslosigkeit auszeichnet und als Sozialdividende (*ex ante*) oder NES (*ex post*) ausgestaltet werden kann.

---

103 Diese Armutslücke muss dann durch andere, zusätzlich notwenige Grundsicherungsvorkehrungen geschlossen werden (vgl. ebd.: 59).

4 Das Grundeinkommen im Sozialstaatskontext

Wie in Kapitel 2 aufgezeigt, kann der deutsche Sozialstaat in seiner jetzigen Konstruktion nicht mehr dauerhaft fortbestehen. Auch kann die Existenzsicherung durch ausreichendes Einkommen oder durch die über die Erwerbsarbeit erworbenen Ansprüche an Sozialleistungen offensichtlich nicht mehr angemessen sichergestellt werden (Wagner 2009: 10). Die Ausgrenzung aus dem System gesellschaftlicher Arbeit bzw. trotz Beschäftigung nicht existieren zu können, bedeutet einen „Grundkonflikt für die bürgerliche Gesellschaft" (Bischoff 2007: 20), der immer mehr Menschen den Zugang zu den vorgelagerten Sicherungssystemen, insbesondere dem Sozialversicherungssystem, verwehrt (vgl. HBS 2007: 17; Kap. 2.2.3.2). Geht man aber davon aus, dass der „Sozialstaat auch weiterhin zur Sicherung des gesellschaftlichen Zusammenhalts" (Wohlfahrt 2004: 1; Dahme 2008: 13) benötigt werde, bietet ein GE verschiedene Sichtweisen, dem Reformbedarf zu begegnen. Nachfolgend sollen deshalb zunächst die Argumente, die vor diesem Hintergrund für ein GE stehen, angeführt werden (Kap. 4.1). Daraufhin soll die Bedeutung der Finanzierungsfragen aufgezeigt (Kap. 4.2) und daran anschließend verschiedene Sichtweisen auf das GE beleuchtet werden (Kap 4.3). Hauptziel dieses Kapitels ist es, das GE – anhand der vorhergehenden Ausführungen – in den Sozialstaatskontext einzuordnen (Kap. 4.4).

4.1 Argumente für ein Grundeinkommen

Es gibt viele Gründe, die im Hinblick auf den Sozialstaat für ein GE sprechen. In Anlehnung an die bereits von Vobruba (2006c: 175-180) und Neumann (2009: 16-20) getroffene Auswahl der wichtigsten Argumente sollen nachfolgend diejenigen aufgelistet und z.T. ergänzt werden, die mit den in Kapitel 2 herausgearbeiteten Problemen des Sozialstaates im Zusammenhang stehen.[104] Die dafür vorgenommene thesenartige Gruppierung einzelner Argumentationsstränge ist frei gewählt und orientiert sich an den zusammenfassenden Betrachtungen des zweiten Kapitels (Kap. 2.3).

---

104 Hierbei geht es in erster Linie um die Benennung und Erklärung, nicht um eine kritische Diskussion der Argumente.

a) Der Sozialstaat ist teuer, ineffizient und verliert an Glaubwürdigkeit.

Bürokratie- und Kostenargument: Durch das Ersetzen der bestehenden Sozialsysteme, der Standardisierung der Transferzahlungen sowie dem Wegfall der Einzelfallprüfungen bietet das GE die Möglichkeit eines radikalen Abbaus der Sozialstaatsbürokratie (Vobruba 2006c: 177f). Dies ist ohne Zweifel mit geringeren Kosten (insbesondere Informations-, Kontroll- und sonstige Verwaltungskosten) verbunden: Zum einen sind es die heutigen technischen Gegebenheiten, die eine regelmäßige und allgemeine Auszahlung kostengünstig ermöglichen. Zum anderen entfallen die nicht mehr notwendigen Prüfungen (wie z.b. Haushaltsgröße, Arbeitsbereitschaft oder sonstige Einkommen), die derzeit zum Erhalt von Sozialleistungen notwendig sind. Darüber hinaus werden auch die Kosten, die mit dem Zwang von TransferempfängerInnen zur Aufnahme einer Beschäftigung verbunden sind, durch das Setzen positiver Anreize eingespart[105] (Vanderborght/ Van Parijs 2005: 69-71). Mit diesen Argumenten geht ebenso eine effizientere Verteilung sozialstaatlicher Leistungen einher. Dies führt zum *Armutsargument:* Als universelle, automatisch auszuzahlende Grundleistung werden mit dem GE konsequent alle Teile der Bevölkerung erreicht; der Erhalt der Leistung wird nicht mehr durch Scham, Zurückhaltung, Unwissenheit oder Versäumnis der Anspruchsberechtigten außer Kraft gesetzt (Vanderborght/Van Parijs 2005: 64, 68f). Da ein GE darüber hinaus auf die „umfassende und lückenlose Sicherung der wirtschaftlichen Existenz aller Bürger" (Mitschke 2000: 47) zielt, kann es auch unter dem Aspekt des strukturellen Wandels auf dem Arbeitsmarkt die Funktion sozialer Absicherung verlässlicher gewährleisten, als das derzeitige System sozialer Sicherungen (Vobruba 2006c: 177). Während *Bürokratie- und Kostenargument* also ein GE im Wesentlichen mit der Kostenersparnis rechtfertigen, trifft das *Armutsargument* zielgerichtet auf die Erfordernisse des Sozialstaatsprinzips (vgl. Kap. 2.1.2). Alle drei zusammen begründen Wirtschaftlichkeit, Leistungsfähigkeit und Transparenz; ein GE könnte daher die Legitimität sozialstaatlichen Handels stützen bzw. wiederherstellen.

---

105 Vanderborght/Van Parijs (2005: 70f) meinen damit neben allgemeinen Kontrollkosten auch mögliche Streit- und Schlichtungskosten oder Ausgaben für Zeit und Energie, die bei erzwungenen Beschäftigungen durch Einstellung und Entlastung verschwendet werden.

b) Der Sozialstaat belastet den Faktor Arbeit und verschlechtert die Situation auf dem Arbeitsmarkt.

Das *Flexibilitätsargument* verweist auf die Möglichkeiten, welches ein GE schafft, um den Arbeitsmarkt zu flexibilisieren. In erster Linie würde es den Druck von den Löhnen nehmen, den vollständigen Lebensbedarf abdecken zu müssen. In der Folge hätten die Arbeitenden (*Insider*) einen geringen Anreiz, gegen Lohnkürzungen vorzugehen; die Arbeitslosen (*Outsider*) einen größeren Anreiz, Arbeit aufzunehmen. Der Arbeitsmarkt könnte sich damit insgesamt und gleichmäßiger an die entsprechenden Erfordernisse anpassen. Das bedeutet auch, gerade durch ein GE könnten die Löhne sinken und damit Wirtschaft und Beschäftigung angekurbelt werden (vgl. Füllsack 2002: 154f). Einen gleichen Effekt würde auch die Absenkung der Lohnnebenkosten erzielen. Dies könnte mit dem Wechsel der Finanzierung von der Solidargemeinschaft der Versicherten über entsprechende Sozialversicherungsbeiträge hin zu einem System steuerfinanzierter Leistungen (vgl. auch (d) *Systemwechselargument*) erreicht werden. In der Folge wären Löhne nicht mehr mit den hohen Sozialabgaben belastet. Ein steuerfinanziertes GE könnte somit in doppelter Hinsicht für flexiblere Löhne sorgen und damit die Situation auf dem Arbeitsmarkt entsprechend verbessern.

c) Das Problem der anhaltenden und stetig wachsenden Arbeitslosigkeit.

Das *Arbeitslosigkeitsargument* zielt zum einen auf das „Ende der Arbeit" (Rifkin 2007) bzw. die „Unwahrscheinlichkeit der Vollbeschäftigung" (Vobruba 2006b: 120) und bezieht sich damit sowohl auf die nicht nur vorübergehende Massenarbeitslosigkeit als auch auf die sich verändernden Erwerbsbiografien (vgl. Kap. 2.2.1.3; 2.2.3.2). Ein GE könnte demnach eine der geeigneten „Alternativen zur Vollbeschäftigung" (Vobruba 2000) sein und einen gerechten Ausgleich für den zunehmend wachsenden Anteil der Bevölkerung bieten, der nicht mehr im Arbeitsmarkt unterzubringen ist (vgl. ders. 2006: 177; Vanderborght/ Van Parijs 2005: 75). Zum anderen aber könnte mittels eines GE auch die Arbeitslosigkeit bekämpft werden, indem mit seiner Hilfe Beschäftigungsanreize zur Aufnahme einer niedrig entlohnten, verkürzten oder gelegentlichen Tätigkeit gesetzt werden können. Das GE wirke demnach wie eine Bezuschussung solcher Arbeitsplätze (vgl. Vanderborght/Van Parijs 2005: 77f; s. auch (b) *Flexibilitätsargument*). Ähnlich wird auch das *Armutsfallenargument* begründet. Es sieht die Rechtfertigung eines GE in der Beseitigung der fehlerhaften Anreizstruktur, die durch die Anrechnung von Zuverdiensten an der Schnittstelle von Transferbezug und Arbeitsmarkt besteht. Je nach Ausgestaltung der Kumulierbarkeit von Erwerbs- und Transfereinkommen ermöglicht das GE demnach einen Anreiz, auch niedrig entlohnte oder Teilzeitarbeit aufzunehmen und die Menschen aus der Arbeitslosen- und Armutsfalle hinauszuführen (vgl. ebd.: 75f; Vobruba 2006c: 178).

In Anlehnung an das *Argument alternativer Arbeit* (Vobruba 2006c: 177) könnte das GE als Subvention für Unternehmertum und Ausbildung betrachtet werden und damit sowohl als Mittel gegen Arbeitslosigkeit, als auch als Beitrag zur finanziellen Entlastung des Sozialstaates gerechtfertigt werden (vgl. Füllsack 2002: 156-158). Eine ähnliche Begründung kann dem GE mit dem *Arbeitsumverteilungsargument* zugesprochen werden. Im Kampf gegen die Arbeitslosigkeit bietet ein GE die Möglichkeit einer „behutsamere[n] Technik zur Arbeitsumverteilung" (Vanderborght/Van Parijs 2005: 79). Denn durch ein GE sinken jene Kosten, die die ArbeitnehmerInnen für freiwillig verkürzte Arbeitszeit tragen. Wie schon unter (b) angesprochen, werden gleichzeitig Teil- oder Kurzzeitbeschäftigungen rentabel, da sie nicht mehr allein zur Sicherung der Existenz notwendig sind. Im Gegensatz zu verordneten Arbeitsteilungs- oder Arbeitszeitverkürzungsmaßnahmen bleibt somit auch der produktive Nutzen motivierter MitarbeiterInnen erhalten (ebd.; vgl. HBS 2007: 82; Hohenleitner/Straubhaar 2007: 51).[106]

d) Gesellschaftliche Spannungsverhältnisse

Inklusionsargument (Neumann 2009: 19): Ebenfalls mit der Bekämpfung der Arbeitslosigkeit im Zusammenhang stehend, lässt sich ein GE auch als ein „Mittel zur Abschaffung bzw. Entschärfung der Exklusionsfalle" (Vanderborght/Van Parijs 2005: 77) betrachten. Durch das Merkmal der Bedingungslosigkeit vermeidet ein GE die „Falle von Arbeitslosigkeit, Abhängigkeit und gesellschaftlicher Ausgrenzung" (ebd.: 76) und kann damit zur Überwindung der in Kapitel 2.2.3 aufgezeigten gesellschaftlichen Spannungsverhältnisse zwischen Erwerbstätigen und anderen Mitgliedern der Gesellschaft beitragen. Vor diesem Hintergrund kann auch das *Systemwechselargument* genannt werden, das den Systemwechsel von den beitragsfinanzierten Sozialversicherungen weg,

---

106   Lt. Hohenleitner/Straubhaar (2007: 51) steigert eine gesicherte Existenz die
      Leistungsbereitschaft, erhöht Motivation und Leistungsfähigkeit und damit
      die Produktivität. Darüber hinaus seien Menschen, die in Teilzeit arbeiten
      noch leistungsfähiger und damit noch produktiver.

hin zum steuerfinanzierten GE begründet (Neumann 2009: 20f; vgl. Opielka 2005; ders. 2007).

e) Verbindung von Wirtschaft, Staat und Gesellschaft

Hinsichtlich der Bedeutung der Wirtschaft für den Sozialstaat ist auch das (kreislauftheoretische) *Kaufkraftargument* von Bedeutung. Sozialtransfers sind für die Stabilisierung der Kaufkraft und somit für die gesamtgesellschaftliche Konsumtion wichtig; sie sichern Gewinne und Beschäftigung. Um die Wirtschaft (durch Nachfrage an Produkten) aufrechtzuerhalten, muss die Kaufkraft deshalb auf einen möglichst großen Teil der Gesellschaft verteilt bleiben. Ein GE läge daher im Interesse aller Konsumenten, Investoren und Arbeitskräfte (Füllsack 2002: 154; Vobruba 2006c: 177).

Mit dem Blick auf den Konnex von Wirtschaft, (Sozial-) Staat und Gesellschaft, sind alle bisher genannten Argumente für ein GE relevant und können deshalb auch zusammen betrachtet werden. Bezüglich der ökonomischen Bedeutung empfiehlt Füllsack (2002: 157f), „jene Möglichkeiten fest[zu]halten, die die gleichmäßiger verteilte Kaufkraft, die Flexibilisierung der schon bestehenden Beschäftigungsverhältnisse und die Möglichkeit niedrigerer Löhne, sowie die besseren Chancen sich als Jungunternehmer[In] mit geringerem Risiko selbständig zu machen, und die Möglichkeiten, höhere Qualifikationen zu erwerben, für die Wirtschaft bedeuten." Die Verknüpfung von Wirtschaft, Gesellschaft und Staat baut auf der Interdependenz von Wirtschaft und Sozialstaatlichkeit auf. Dass ein GE diese Verbindung verbessern und damit den gesellschaftlichen Spannungsverhältnissen (vgl. Kap. 2.2.3) nicht nur Einhalt gebieten, sondern auch die Gesellschaft insgesamt stabilisieren könnte, liegt anhand der vorgenannten Argumente nahe. Überdies wären damit auch die Erfordernisse einer funktionierenden Sozialstaatlichkeit erfüllt.

4.2 Bedeutung der Finanzierungsaspekte

Folgt man den benannten Argumenten und der gegenwärtigen Debatte um das GE in Deutschland, kommt man leicht zu dem Schluss, das GE sei bereits auf einen breiten Konsens, v.a. den bedeutender gesellschaftlicher Akteure,[107] gestoßen. Das einzig noch zu klärende Rätsel,

---

107   Die Vielfalt der Modelle ist in Deutschland sowohl in der Wissenschaft, in der Gesellschaft, als auch in der Politik erkennbar. Zu den „prominentesten" Vertretern jenseits akademischer Kreise zählen beispielsweise der Un-

so scheint es, beschränke sich allein auf das der Finanzierung (Wagner 2009: 21). Ökonomische Aspekte der Finanzierbarkeit verschiedener Konzepte werden seit Jahren diskutiert. Die Untersuchung dieses an sich doch eher technischen Sachverhalts scheint jedoch nicht unabhängig von ideologischen Maßstäben und Wertvorstellungen zu sein[108] (Schramm 2007: 92). Finanzierungsfragen sind stets auch Wertfragen; sozialethische Grundhaltungen und Fragestellungen spielen dabei eine große Rolle: Was ist gerecht? Wer bekommt wie viel und warum? (vgl. ebd.; Opielka 2006b: 28) Die Option für ein GE hängt deshalb nicht allein von den Erwartungen bezüglich der Finanzierbarkeit ab, sondern immer auch von den mit ihm verbundenen Motiven, Absichten und jeweiligen Menschenbildern (Wagner 2009: 7). Das spiegelt ebenso die Vielfalt unterschiedlicher Varianten des GE wider. Gleichwohl gibt es inzwischen eine ganze Reihe von Finanzierungskonzepten,[109] die im Grundsatz alle wirtschaftlich möglich sein dürften (Wagner 2009: 21). „Gemeinsam" ist allen, „dass sie sich fast in allem völlig unterschei-

---

ternehmer und dm-Gründer Götz Werner oder der ehemalige thüringische Ministerpräsident Dieter Althaus (CDU). Zudem treten Netzwerke und Initiativen stärker in den Vordergrund, so etwa das Netzwerk Grundeinkommen (www.grundeinkommen.de), Erwerbslosenbewegungen (z.B. BAG-SHI bzw. BAG-PLESA), globalisierungskritische (z.B. die Attac-AG „Genug für alle") oder kirchliche Initiativen (z.B. KAB), aber auch parteinahe bzw. parteiinterne Arbeitsgruppen oder Bündnisse (z.B. BAG Grundeinkommen in und bei der Partei Die LINKE oder die FDP-nahe KöBüNe) (vgl. auch dazu Neumann 2009: 13-16; Blaschke 2008). Darüber hinaus stehen Kampagnen wie „Freiheit statt Vollbeschäftigung" (www.freiheitstattvollbeschäftigung.de) oder die von Götz Werner initiierten „Unternimm die Zukunft" und „Sei ein Futurist!" (www.unternimm-die-zukunft.de; www.sei-ein-futurist.de) mit Plakat- oder Mitmachaktionen im Lichte der Öffentlichkeit.

108   Lt. Schramm (2007: 92) wiesen z.B. Gutachten des Deutschen Instituts für Wirtschaftsforschung (DIW), „gravierende Fehler" in der Kostenberechnung für Mitschkes Bürgergeldmodell auf.

109   Zur Ausgestaltung der Finanzierung eines GE gibt es diverse Ansätze. Z.B. das *Transfergrenzenmodell* von Pelzer/Fischer (o.J.; 2004; 2007) bzw. Pelzer (2007); Pelzer/Scharl (2005); Gross et al. (2005), eine *Basic Income Flat Tax* von Strengmann-Kuhn (2007b), ein reines Konsumsteuersystem (Häussner/Presse 2007; Hardorp 2007; ders. 2008) oder Zentralbank-Bezugsrechte und Ressourcensteuerkonzepte (vgl. Neumann 2009: 14). Konkret ausgestaltete Modellierungen finden sich insbesondere im Konzept Mitschkes (1985; 2000), welches das GE als *Bürgergeld* in Form einer NES ausgestaltet; in dem dem *Bürgergeld* ähnlichen Konzept Straubhaars (Straubhaar 2007; Straubhaar/Hohenleitner 2007) sowie in dem als Bürgerversicherung ausgestalteten Modell der *Grundeinkommensversicherung* von Opielka (2005; 2006a; 2007).

den." (Rätz 2007: 50) So gehen einige Modelle vom bestehenden Steuersystem aus, während andere ein völlig neues für die Implementierung eines GE konstruieren. Manche Konzepte setzen die Finanzierung an den direkten Steuern (Einkommens- oder Körperschaftssteuer) an, andere hingegen an den indirekten (Verbrauchs- bzw. Konsumsteuern). Während einige Entwürfe an der Finanzierung über Abgaben der natürlichen Personen festhalten, wollen andere die Unternehmen z.b. mit Wertschöpfungsabgaben belasten. Sehen manche Modelle eine möglichst hohe Umverteilung vor, wollen andere lediglich den staatlichen Etat entlasten (vgl. ebd.).[110] Die Vielzahl der Konzeptionen drückt dabei in erster Linie eine Vielfalt an Finanzierungs*möglichkeiten* aus. Die politischen Voraussetzungen allerdings werden meist weder dargelegt noch reflektiert. Lt. Rätz (2007: 54f) modelliert jeder einzelne Entwurf eine Situation, in der ein GE angewandt werden soll oder kann. Kaum ein Konzept aber benennt diese Situation ausdrücklich. Auch Konsequenzen werden meist nicht dargestellt oder mitgedacht.[111] Die Modellierungen blenden somit die politischen Implikationen aus (ebd.). Deren Betrachtung aber ist unerlässlich, wenn darum geht, ein GE und ein entsprechendes Finanzkonzept überhaupt durch- bzw. umsetzen zu können. Angesicht zu erwartender gesellschaftlicher Widerstände (insbesondere aufgrund der oben erwähnten Fragen nach Grundhaltungen und Wertvorstellungen), geht es im Kern um die *Umsetzbarkeit* eines Finanzierungsmodells. Für die Implementierung eines GE geht es also weder um konkrete Finanzierungsfragen, noch um „gute Gründe". Notwendig und von höchster Relevanz ist es, sich zunächst mit den Möglichkeiten gesamtgesellschaftlicher Akzeptanzbedingungen auseinanderzusetzen (vgl. Wagner 2009: 21). Dies soll im Folgenden verdeutlicht werden.

4.3 Sinn und Zweck des Grundeinkommens

Angesichts der eben beschriebenen Bedeutung (und Unabdingbarkeit) gesellschaftlicher Legitimation für die Realisierung eines GE ist es notwendig, die Perspektiven für einen gesamtgesellschaftlichen Konsens

---

110 Eine zusammenfassende Übersicht bzw. ein Vergleich verschiedener Modelle und deren Finanzkonzepte findet sich hauptsächlich in Blaschke (2008); aber auch HBS (2007: 34-75) oder Wagner (2009: 22-36).

111 Rätz (2007: 55) führt dazu einige Beispiele an. Z.B. wird mit dem Vorschlag, ein GE über eine Wertschöpfungsabgabe der Unternehmen zu finanzieren, nicht bedacht, dass Unternehmen versuchen werden, sich der Besteuerung durch Verlagerung zu entziehen bzw. wie dieses aufgehalten werden kann.

zu beleuchten bzw. nach konsensfähigen Aspekten Ausschau zu halten (vgl. ebd.). Aufgrund der Vielfalt von Betrachtungsweisen auf das GE ist daher deren Differenzierung von großer Bedeutung. Um dabei auch die Relevanz des GE für den Sozialstaat erkennen zu können, sollen hier – vor dem Hintergrund der in Kapitel 2.2 herausgearbeiteten Probleme – nachfolgend ausgewählte[112] „sozialstaatliche" Sichtweisen auf bzw. oben dargestellte Argumente für ein GE im Hinblick auf deren Sinn und Zweck aufgezeigt werden. Diese Vorgehensweise soll als Hilfsmittel dienen, das GE anschließend in den Sozialstaatskontext einzuordnen (Kap. 4.4).

Wie nun mehrfach angesprochen, ist die stetig wachsende und nicht nur vorübergehende Arbeitslosigkeit eines der Hauptprobleme für das System der sozialen Sicherungen (vgl. Kap. 2.2). Mit dem Blick auf die finanzielle Belastung muss eine zunehmend sinkende Anzahl von Erwerbstätigen für ein immer größeres Volumen an Transferleistungen aufkommen; in der Konsequenz öffnet sich die Schere zwischen relativ sinkenden Einnahmen und überproportional steigenden Ausgaben zusehends (vgl. Adamy/Steffen 1990: 27). Um den Sozialstaat geldlich zu entlasten, d.h. in erster Linie die Ausgaben zu senken, liegt es daher nahe, Arbeitslose in Erwerbsbeschäftigung zu bringen. Mit der Politik des „Förderns und Forderns", wie sie die Agenda 2010 der rot-grünen Koalition bezeichnete (Dahme 2008: 14; vgl. Bundesregierung 2003), wurde bereits damit begonnen, das sog. „Sozialstaatsklientel" (Wohlfahrt 2004: 2) durch neue Regelungen und Maßnahmen zu „aktivieren".[113] Im Ergebnis allerdings wird – trotz dieser Neuorientierung der Politik – das Leistungsprinzip im Niedriglohnbereich gewissermaßen außer Kraft gesetzt und zwingt damit die TransferempfängerInnen in die sog. Armutsfalle (vgl. Spermann 2001: 25; Wagner 2009: 11). So ist *die Grundsicherung für Arbeitssuchende* (ALG II) zwar als „aktivierende Grundsicherung" (Ribhegge 2004: 319) konzipiert; die Anreize zur Arbeitsaufnahme aber werden oft als unzureichend bemängelt (z.B. KoBüNe 2005). Demnach gestattet das SGB II z.B. Frei-

---

112   Die Auswahl erfolgt in Anlehnung an Wagner (2009), der mit seiner Arbeit die Strukturierung der aktuellen Modelle der deutschen GE-Debatte hinsichtlich der gesellschaftspolitisch relevanten Fragestellungen verfolgt.

113   Interessanterweise werden im Zuge der „Aktivierung" genau jene sozialstaatlichen Schutzrechte abgebaut, die im traditionellen Modell Einzelne vor dem Druck und den Risiken des Marktes schützen sollten. Nun sollen Marktdruck und Risiken den Druck auf Einzelne erhöhen und sie in „Bewegung" versetzt werden, also „aktivieren" (vgl. Wohlfahrt 2004: 2).

beträge[114] für den Zuverdienst; diese aber bieten einen zu geringen finanziellen Anreiz, eine Teilzeitarbeit oder andere niedrig(er) entlohnte Arbeit aufzunehmen und bereiten damit v.a. den gering oder gar nicht Qualifizierten den Weg in die sog. (Langzeit-) Arbeitslosen- bzw. Armutsfalle[115] (KoBüNe 2005: 4f; vgl. Vanderborght/Van Parijs 2005: 75). Um dieser zu entgehen, müsste offenbar gewährleistet sein, dass Zuverdienste aus gering entlohnter Erwerbstätigkeit weit weniger oder gar nicht mehr durch Anrechnung bzw. entsprechende Kürzung der Transferleistungen aufgezehrt werden. Ein GE könnte dieses leisten. Es könnte das Zielgebot des „aktivierenden Sozialstaates"[116] erfüllen, in dem es sicherstellt, dass sich das Nettoeinkommen im Vergleich zur Arbeitslosigkeit selbst bei Aufnahme einer niedrig entlohnten Beschäftigung spürbar verbessert. Zu Recht bemerkt Wagner (2009: 11), dass dies auch mittels Anhebung der Freibeträge des SGB II erreichbar wäre, doch zeichnet sich die aktuelle Politik der Aktivierung zudem ja auch durch den Einsatz von Druck- und Zwangsmaßnahmen[117] (Stich-

---

114 Als Anreiz zur Arbeitsaufnahme wurden Freibeträge geschaffen; sie sind gestaffelt und betragen je nach Höhe des (Brutto-) Zuverdienstes 15% (bis 400 Euro), 30% (400 bis 900 Euro) und wieder 15% (900 bis 1 500 Euro). Ab einem Bruttolohn von 1 500 Euro gibt es keinen Freibetrag mehr; es erfolgt die vollständige Anrechnung. Im Ergebnis können BezieherInnen von ALG II bei einem Bruttoeinkommen i.H.v. 1 500 Euro genau 300 Euro hinzuverdienen. Eine „Familienkomponente" für die Freibeträge gibt es nicht (vgl. Ribhegge 2004: 326f, 333).

115 Der Begriff Arbeitslosenfalle stiftet einige Verwirrung, seit dem die OECD (1996) ihn zur Definition des sog. Lohnabstandes benutzt hat. In jüngeren Diskussionen wird der Begriff vielfach in arbeitsmarktökonomischen Kontexten genutzt und trägt daher verschiedene Bedeutungen (vgl. Spermann 2001: 25). Hier ist er – in Anlehnung an Spermann (2001) – in Bezug auf die Armutsfalle als Fehlanreiz bzw. Einflussfaktor auf die Arbeitslosigkeit zu verstehen.

116 „Aktivierend" soll hier den Gegensatz zum „passiven" Wohlfahrtsstaat bedeuten, in dem keine ausreichenden Anreize zum Ausstieg aus der Arbeitslosigkeit gesetzt werden (vgl. Vanderborght/Van Parijs 2005: 75). Ausführlicher zum eigentlichen Konzept eines „aktivierenden Wohlfahrtsstaates" und der unter diesem Label stattgefundenen Implementierung z.B. in: Dingeldey (2006).

117 Die Politik des Forderns beinhaltet u.a. gesetzlich vorgesehene und 2007 verschärfte Sanktionsmöglichkeiten. So können bei „Fehlverhalten" (gem. § 31 SBG II: z.B. Ablehnung der Eingliederungsvereinbarung, Nichterfüllung von durch einen Verwaltungsakt auferlegten Pflichten, Nichtleistung oder Abbrechen zumutbarer Arbeit, Ausbildung oder Ein-Euro-Jobs) im ersten Schritt Zuschläge gestrichen und die Regelleistung um 30% gekürzt werden, bei wiederholter Pflichtverletzung um 60% bis hin zur völligen Strei-

wort: *workfare*) aus (vgl. z.B. Dahme 2008: 14-16; Dingeldey 2006: 6-9; Wohlfahrt 2004; Vanderborght/Van Parijs 2005: 75f). Mit der Aufstockung von Hinzuverdienstmöglichkeiten ließe sich Arbeit zwar monetär wieder als ‚lohnenswert' empfinden; ein finanzieller Anreiz allein aber kann nicht die repressiven, autoritären (und damit auch kostspieligen[118]) Instrumente derzeitiger Sozialstaatspolitik aufheben.[119] Ein GE stattdessen würde jenseits von Zwangsmaßnahmen an die Stelle der bedingten Sozialleistung treten und damit die „Falle von Abhängigkeit, Arbeitslosigkeit und gesellschaftlicher Ausgrenzung" (Vanderborght/Van Parijs 2005: 76) überwinden. Damit wäre im Grundsatz auch ein „Recht auf Arbeit" im Sinne einer Wahlmöglichkeit (nicht eines Rechtsanspruches) zwischen der Aufnahme oder der Ablehnung einer Beschäftigung gewährleistet, insbesondere dann, wenn die Höhe des GE existenzsichernd, d.h. den Lebensbedarf garantierend, ist. Soll die finanzielle Entlastung des Sozialstaates aber vollends sichergestellt werden, müsste der vom Kernarbeitsmarkt dauerhaft ausgeschlossene Teil der Bevölkerung in einem ökonomisch sehr flexiblen Arbeitsmarkt aufgenommen werden (vgl. Wagner 2009: 17). Dies scheint nur mit dem extremen Ausbau des Niedriglohnsektors erreichbar.[120] Um die Anreize zur Arbeitsaufnahme dahingehend noch deutlicher zu verstärken, ist ein relativ niedriges GE denkbar, bei welchem eine gewisse

---

chung einschließlich der Kosten für die Unterkunft (Kumpmann 2009: 236; Ribhegge 2004: 327).

118 Vgl. Dahme (2008: 16): Mittels ausgedehnter Informations-, Monitoring- und Überwachungssysteme wachsen die (Sozialstaats-) Ausgaben durchaus auch durch die zunehmende Überwachung und Kontrolle von SozialleistungsempfängerInnen.

119 So verweisen z.b. Vanderborght/Van Parijs (2005: 79f) auf Studien, die darlegen, dass monetäre Verbesserungen allein nicht zwangsläufig aus der Arbeitslosigkeitsfalle führen. Vielmehr spielen psychologische Faktoren eine Rolle: die Angst den neuen Arbeitsplatz bald wieder zu verlieren und sich im Anschluss abermals erneuten, komplizierten und v.a. ungewissen Behördengängen zu unterziehen, lässt es zu riskant erscheinen, auf den Sozialleistungsbezug zu verzichten.

120 Diese Sichtweise beruht auf dem Gedanken, dass technologische Entwicklung und Globalisierung keinesfalls im „Ende der Arbeit" (vgl. Rifkin 2007) münden, sondern lediglich die menschliche Arbeitskraft in bestimmten Bereichen zunehmend unrentabel wird, d.h. die Produktivität der ArbeitnehmerInnen reicht nicht aus, um den eigenen Lebensstandard (Reproduktion der Arbeitskraft) und den Gewinn für die UnternehmerInnen (Mehrwert) zu sichern. Ein GE würde solche Arbeitsbereiche durchgehend subventionieren und somit die Arbeitsplätze im Niedriglohnbereich rentabel gestalten (vgl. Vanderborght/Van Parijs 2005: 77f; s. auch Kap. 4.1 (b) *Flexibilitätsargument*).

Deckungslücke zur Sicherung des formalen Existenzminimums verbleibt. Diesem Sinne entspräche beispielsweise der bereits vorgestellte *poverty gap*-Typ einer NES (vgl. Kap. 3.2.3; Friedman 2004; Mitschke 2000: 53; Wagner 2009: 11). Obwohl ein solches GE die Grundlage für Angebot und Nachfrage von Arbeitsplätzen im Niedriglohnbereich erheblich erweitern würde, bleibt dennoch anzumerken, dass ein GE keinesfalls garantiert beschäftigungsfördernd wirken würde. Da das GE allen gleichermaßen zukommt, fungiert es zwar als eine Subvention von Arbeitsplätzen mit geringer Produktivität; seine Bedingungslosigkeit aber gewährt den sozial Schwächsten eine gewisse Verhandlungsmacht und verhindert somit gleichzeitig die Bezuschussung bestimmter, z.B. unwürdiger Beschäftigungsverhältnisse. Würdige Arbeitsbedingungen, Chancen auf den Erwerb zusätzlicher Qualifikationen oder weitere Aufstiegsperspektiven spielen dann – aufgrund fehlender Repressions- und Zwangsmaßnahmen – eine wesentliche Rolle bei der Annahme von Arbeitsangeboten. Die Entscheidung über die Zumutbarkeit oder Unzumutbarkeit von Arbeitsplätzen läge schließlich allein bei den ArbeitnehmerInnen und nicht wie bislang beim Gesetzgeber oder den Arbeits- und Sozialverwaltungen (Vanderborght/ Van Parijs 2005: 81f). Dies ist sicher nicht nur seitens der Erwerbsabhängigen zu begrüßen. Durch die auf der Freiwilligkeit der Arbeitsaufnahme resultierenden motivierte(re)n und damit leistungsbereite(re)n MitarbeiterInnen ist wohl auch ein produktiver Nutzen für die Arbeitgeber zu erwarten (vgl. ebd.: 70f).

Bei der soeben vorgestellten Blickrichtung auf die Verbesserung der Anreize zur Arbeitsaufnahme steht die Entlastung des Faktors Arbeit (durch Schaffung eines Niedriglohnsektors bzw. generelle Lohnsenkungseffekte) und die Flexibilisierung des (Arbeits-) Marktes im Vordergrund. Diese Zielsetzungen entsprechen weitestgehend auch den Inhalten und Vorstellungen der Agenda 2010-Reformen (vgl. Bundesregierung 2003). Im Gegensatz zur aktuellen Politik aber kann das GE, wie eben angesprochen, mit seinem charakteristischen Merkmal der Bedingungslosigkeit zugleich dem Risiko der fortschreitenden – obendrein durch die Reformmaßnahmen verstärkten – Destabilisierung der Gesellschaft[121] Einhalt gebieten (vgl. Wagner 2009: 24f; Füllsack 2002: 154; Kap. 2.2.3).

---

121 Schon seit den 80er Jahren findet eine zunehmende Spaltung der Gesellschaft in *Insider* und *Outsider* statt. Durch die derzeit stattfindende Aktivierungspolitik wird der Ansatz verstärkt (vgl. Dahme 2008: 13-15; Gorz 1986: 61), führt zur gesellschaftlichen Spannungsverhältnissen und birgt daher das Risiko politischer Instabilität in sich (vgl. Füllsack 2002: 154).

Führt man diese Gedanken weiter fort, eröffnen sich schnell die Perspektiven sog. *flexicurity-Modelle.*[122] Deren Ansatz liegt in der Verbindung von Flexibilisierung und Arbeitsanreizen einerseits mit effizienteren und unbürokratischeren Maßnahmen zur Armutsbekämpfung andererseits (Wagner 2009: 26; vgl. Dahme 2008: 13). Neben dem Ziel der finanziellen Entlastung des Sozialstaates findet sich hier vordergründig die Bestrebung, Armut wirkungsvoll(er) durch eine effizientere Verteilung bereits vorhandener Mittel zu verhindern. Anstoß der Idee ist demnach das Verteilungsproblem, welches sich aus der gesamtgesellschaftlich unterschiedlichen (im Sinne von ungleichen) Verteilung verfügbarer Mittel ergibt. So kommen – wie aufgezeigt – nicht nur Sozialversicherungsleistungen den Besserverdienenden mehr zu Gute, als den Schlechterverdienenden; auch einige der über das deutsche Steuersystem finanzierten sozialstaatlichen Leistungen (vgl. Kap. 3.2.1) übervorteilen oft jene, die bereits ein ausreichendes, den Lebensstandard sicherndes, Einkommen haben; während diejenigen, die auf staatliche Transfers angewiesen sind, am ehesten „Opfer knapper öffentlicher Kassen" (Wagner 2009: 12) werden. Das bedeutet, die (aus verschiedenen Quellen stammenden) zur Verfügung stehenden Mittel werden am ehesten denjenigen entzogen, die ohnehin das größte Armutsrisiko tragen. Ein GE, welches das bestehende System aller Transferleistungen (also auch der in Form von Steuervergünstigungen) vollständig ersetzt, würde die „Verteilungsgerechtigkeit auf der Ausgabenseite erhöhen und das undurchsichtige und aufwendige Steuersystem transparenter und unbürokratischer gestalten." (ebd.) Wenn es darüber hinaus auch existenzsichernd wäre, könnte mit dem GE eine verlässliche soziale Absicherung für alle Mitglieder der Gesellschaft (*security*) garantiert, der Faktor Arbeit entlastet und damit Flexibilität und Anpassungsfähigkeit von Unternehmen gesteigert (*flexibility*) werden (ebd.: 18).

Das Problem der Verteilung aus einem noch anderen Blickwinkel betrachtet, führt von den verfügbaren Mitteln weg hin zur Frage nach der eigentlichen (Um-) Verteilungs*struktur* sozialstaatlicher Leistungen. Das Dilemma, in dem die Sozialsysteme unter den sich verändernden

---

122 Der *flexicurity*-Ansatz ist im Prinzip eine Wachstums- und Beschäftigungsstrategie, die den *Outsidern* des Arbeitsmarktes (atypisch Beschäftigte, Arbeitslose) die Wiedereingliederung nicht nur in die Arbeit sondern auch in die sozialen Versicherungssysteme ermöglichen soll. Sie beruht auf den Gedanken, dass sich Staaten als Wettbewerbsstaaten definieren, die Aspekte der Wohlfahrtstaatlichkeit aber erhalten wollen. Ziel ist es demnach *flexibility* und *security* aufeinander abzustimmen (vgl. Dahme 2008: 13, 15).

gesellschaftlichen und ökonomischen Veränderungen stehen, wurde bereits mehrfach angesprochen: Auf der einen Seite nehmen die sog. Normalarbeitsverhältnisse, also klassische sozialversicherungspflichtige Beschäftigungsverhältnisse ab, während die Ausgaben der sozialen Sicherung steigen; auf der anderen Seite steigt die Anzahl prekär Beschäftigter, die sich nur unzureichend oder gar nicht gegen soziale Notlagen sichern können[123] (vgl. Kap. 2.2.3.2; StatBA 2009: 7f; Weigl 2009: 1, 3). Dieser Strukturwandel berührt im Prinzip zwei Ebenen: Zum einen die Finanzierung der sozialen Systeme selbst, zum anderen aber – und das scheint aus diesem Blickwinkel zumindest rhetorisch als der grundlegende Ansatzpunkt – können die auf die Erwerbsgesellschaft ausgerichteten Sozialsysteme ihre eigentliche Funktion, die der gesellschaftlichen Umverteilung, nicht mehr ausreichend erfüllen. Derzeit findet sozialstaatliche Umverteilung hauptsächlich innerhalb der Erwerbsgesellschaft mit mittleren Einkommen[124] statt, da BezieherInnen hoher Einkommen i.d.R. die Möglichkeit alternativer Sicherungssysteme (z.B. private Krankenversicherung)[125] haben und in Anspruch nehmen. Während diese also keinen Beitrag leisten (müssen), wächst die „Gruppe der gering qualifizierten, gering entlohnten und prekär Beschäftigten" (Wagner 2009: 11), die nur wenig zur Finanzierung des Sozialstaates beitragen kann. Hier ist das Problem der Verteilungsstruktur sozialstaatlicher Leistungen deutlich zu erkennen: im Wesentlichen geht es demnach um die Umverteilung finanzieller Ressourcen. Das Feststellen der Tatsache, dass Sozialversicherungsleistungen über Einkommen finanziert werden, die angesichts des erwähnten Strukturwandels zunehmend rückläufig sind, legt unweigerlich den Schluss

---

123 Die strukturelle Veränderung des Arbeitsmarktes ist deutlich am Zehnjahresvergleich (1998-2008) des StatBA (2009) erkennbar. Sowohl anteilig als auch absolut haben atypische Beschäftigungen zugenommen und Normalarbeitsverhältnisse abgenommen (Weigl 2009: 3; StatBA 2009: 7f, 26).

124 Durch die Besonderheit der paritätischen Beitragsfinanzierung (ArbeitnehmerInnen und ArbeitgeberInnen finanzieren die Anteile an den Sozialversicherungen gemeinsam) findet diese Umverteilung genau genommen unter der Beteiligung der letztgenannten statt. Die Folge ist daher nicht allein nur eine Problematik der Verteilungspolitik, sondern auch die der zusätzlichen finanziellen Belastung von Unternehmen (vgl. Kumpmann zit. nach Wagner 2009: 11).

125 Die Rechtfertigung der Pflichtversicherung, also einer staatlicher Zwangsmaßnahme, bedarf des Nachweises, dass private Märkte oder Organisationen die notwendigen Leistungen nicht ebenso erbringen können. Im Falle des Kostenrisikos bei z.B. Krankheit oder Alter kann dies für Besserverdienende nicht begründet werden; sie können sich daher freiwillig versichern (vgl. Breyer/Buchholz 2007: 2-4).

nahe, die Konstruktion der Finanzierung auf einem neuen, breiteren Boden auszurichten: auf die Finanzierung aus Steuermitteln.[126] Richtig ist, dass dies auch durch bedarfsabhängige, steuerfinanzierte Grundsicherungen gewährleistet werden könnte, der entscheidende Vorteil eines GE aber ist, nicht allein nur der Verteilungsproblematik, sondern auch der mit ihr einhergehenden Kritik der aufwendigen Verteilungsbürokratie begegnen zu können (vgl. Wagner 2009: 11f; s. auch Kap. 4.1 (a) *Bürokratie- und Kostenargument*).

Die Darstellung der drei vorangegangen Sichtweisen zielt, wenn auch aus unterschiedlichen Richtungen, im Prinzip auf eine Kompensation für „Situationen und Lebensphasen, in denen eine Erwerbsarbeit den Lebensunterhalt nicht (ausreichend) sichern kann" (Wagner 2009: 13). Die Überlegungen beruhen demnach auf der Tatsache, dass reguläre Beschäftigungsverhältnisse infolge der ständigen Produktivitätssteigerung zwangsläufig abnehmen.[127] Das GE soll daher als Ausgleich für den entsprechend stetig wachsenden Anteil der Bevölkerung dienen, der nicht mehr bzw. zunehmend schwieriger im Kernarbeitsmarkt unterzubringen ist. Der Kompensationszweck des GE ist also eine Art neuer Form von Armutsbekämpfung. Werden nun aber die Fragen der Verteilung und der Existenzsicherung über die den sozialpolitischen Verteilungsapparat hinaus betrachtet, eröffnet sich eine völlig neue Sichtweise auf das (marktwirtschaftliche) System selbst, genau genommen auf die systemische Abhängigkeit der Beschäftigten. So wird die Tatsache des sich verändernden Arbeitsmarktes zum Anlass genommen, gesellschaftliche Strukturen nicht an die zunehmend flexible Ökonomie anpassen zu wollen, sondern im Gegenteil: sich über eine Umverteilung gesellschaftlicher Arbeit (nicht nur Erwerbsarbeit) von Marktprozessen unabhängiger machen zu können (ebd.: 5, 12f).

Ein GE in ausreichender Höhe gestattet eine Wahl zwischen Aufnahme oder Ablehnung abhängiger Erwerbsarbeit. Allein die Möglichkeit ei-

---

126 Eine Tendenz der Umstellung der Sozialleistungen von der Versicherungsleistung weg, hin zur Finanzierung über Steuermittel kann neben den Bundeszuschüssen für die Rentenversicherung (vgl. BVA: 2009) auch in der mit der Agenda 2010 durchgesetzten Reform des Arbeitslosengeldes erkannt werden: Gem. § 127 Abs. 2 SGB III entfällt nach max. 24 Monaten der Arbeitslosigkeit der Anspruch aus der entsprechenden Arbeitslosenversicherung und wird durch den auf die steuerfinanzierten Leistungen nach SGB II bzw. XII umgestellt.

127 Vgl. z.B. Füllsack (2002: 73-81); vgl. auch Rifkin (2007: 63-66); Altvater (2007: 102); Schmid (1984 zit. nach Glotz 1986: 136).

ner „echten" Wahl erlaubt Arbeitsumverteilung in dreifacher Hinsicht: erstens, innerhalb der aktiven und arbeitslosen Erwerbsbevölkerung.[128] Zweitens, zwischen marktbezogenen und nicht marktbezogenen Tätigkeiten,[129] d.h. dass der Zweck der Arbeit vom Einkommen abgekoppelt und somit bisher schlecht oder gar nicht bezahlte Arbeit aufgewertet wird. Zu denken ist dabei in erster Linie an familiäre, ehrenamtliche oder soziale Tätigkeiten.[130] Und schließlich drittens, zwischen den Geschlechtern.[131] Um diesen Zielvorstellungen gerecht zu werden, muss das GE allerdings tatsächlich eine soziokulturelle Existenzsicherung gewährleisten, d.h. es ist nicht nur materiell, sondern auch auf soziale und kulturelle Teilhabe an der Gesellschaft abgestimmt. Darüber hinaus müssten Partizipationsrechte der ArbeitnehmerInnen gewährleistet und bestimmte der bisherigen sozialen Sicherungsmechanismen aufrechterhalten werden. So ist es für die „echte" Wahl unabdingbar, dass auch in besonderen Notlagen, wie etwa bei schwerer Krankheit, auf einen Schutz vertraut werden kann (Wagner 2009: 13). Solch ein

---

128 Vgl. Kap. 4.1 (b) *Flexibilitätsargument* und (c) *Arbeitsumverteilungsargument.* Glotz (1986: 138f) weist darüber hinaus darauf hin, dass mit einem GE Teilzeit-Arbeitswünsche realisiert werden könnten, die unter den gegenwärtigen Bedingungen der Anspruchs- und Statussicherung der Sozialsysteme (vgl. Kap. 2.2.3.2) schlicht irrational erscheinen würden. Ferner spricht er die gesamtwirtschaftlich relevanten „Arbeitszeitumverteilungspotentiale" an.

129 Im Sinne einer „Dualwirtschaft" erwähnt Vobruba (2006b: 133-136) die Forderungen nach der „Neuaufteilung von Lohnarbeitszeit und Zeit für arbeitsmarktexterne Tätigkeiten."

130 Arbeitsumverteilung wird auch damit gerechtfertigt, dass die abnehmende Bedeutung abhängiger Erwerbsarbeit im hochproduktiven, rationalisierungsfähigen Bereich für alle einigermaßen gleichmäßig geschehen soll. Sie sollte daher sogar gefördert werden, beispielsweise durch Schaffung von Arbeitsplätzen in nicht-produktiven und Dienstleistungsbereich. In erster Linie geht es dabei um das Recht auf Arbeit (vgl. Glotz 1986: 147f). Ein GE würde dies ermöglichen können.

131 Z.B. sinkt der Erwerbsdruck für Männer, (nach traditionellem Rollenverständnis) für das Familieneinkommen sorgen zu müssen. In der Folge könnten sie sich beispielsweise stärker der Familienarbeit zuwenden (HBS 2007: 76). Auch die Begünstigung der Teilzeitbeschäftigungen könnte mit dem GE dazu führen, dass Männer sich aus Vollerwerbsverhältnissen zurückziehen (vgl. Hohenleitner/Straubhaar 2007: 47). Anzumerken aber bleibt, dass das Argument der geschlechtlichen Teilung der Arbeit aus frauenpolitischer Sicht strittig ist, da ein GE auch als eine Art „Hausfrauenprämie" dazu führen kann, dass Frauen völlig aus dem Arbeitsmarkt gedrängt werden (vgl. Füllsack 2002: 161; HBS 2007: 76; Vanderborght/Van Parijs 2005: 86f; Vobruba 2006c: 176).

GE wäre in der Tat ein „emanzipatorisches Projekt" (ebd.: 12; vgl. BAG Grundeinkommen 2007; Blaschke 2006; Drescher 2007).[132]

4.4 Einordnung des Grundeinkommens

Die vorgenannten Ausführungen haben verdeutlicht, dass die Diskussion um ein GE sich nicht allein auf „gute Gründe" oder Finanzierungsfragen beschränken darf und, dass es lohnt, sich der Motive und Absichten bewusst zu werden, welche hinter den verschiedenen Argumenten und Konzepten der so vielfältigen BefürworterInnen, aber auch der KritikerInnen, der GE-Debatte stehen. Wie dargelegt, ist die Differenzierung einzelner Beweggründe für ein GE zu plädieren, im Hinblick auf die Positionierung des GE gegenüber dem Verhältnis von Markt und Gesellschaft erkennbar. Diese Unterscheidung vorzunehmen, dient deshalb auch als Hilfsmittel ein GE in einen sozialstaatlichen Kontext einordnen zu können. So wurde gezeigt, dass beispielsweise die den Kompensationszweck verfolgenden Gedanken, in erster Linie die Armutsbekämpfung anhand einer mehr oder weniger radikalen Reform des Sozialsystems anstreben. Im Vordergrund steht hierbei die Anpassung an die Veränderungen auf dem Arbeitsmarkt. Es geht also konkret darum, Wirtschaft und Gesellschaft an die sich verändernden ökonomischen Rahmenbedingungen anzupassen und sie zukunftssicher zu gestalten. Das Fundament der herrschenden sozioökonomischen Grundordnung soll demnach gestärkt und gefestigt werden (Wagner 2009: 10). Der emanzipatorische Ansatz hingegen stellt genau dieses Arrangement grundlegend in Frage. Armut soll daher nicht lediglich nur durch den (monetären) Ausgleich marktproduzierter Ungleichheiten bekämpft werden, sondern vielmehr durch die Abkopplung oder zumindest einer „partiellen Schwächung des Ausbeutungs- und Ungleichheitscharakters des kapitalistischen Marktes" (ebd.: 18). Wohl bemerkt geht es dabei nicht im die Abschaffung des Kapitalismus.[133] Es geht vielmehr um die Frage der gesellschaftspoli-

---

132 Vertreter eines solchen „emanzipatorischen" GE erheben nicht den Anspruch, eine objektive, ideologiefreie Analyse der Problemlage zu liefern; vielmehr verstehen sie es ausdrücklich als politisches Projekt (vgl. Wagner 2009: 12f; BAG Grundeinkommen 2007).

133 Der Ansatz der Umverteilung gesellschaftlicher Arbeit geht lediglich davon aus, dass dem gesellschaftlichen Reichtum, der mit zunehmend weniger kapitalistischer Arbeit erzeugt werden kann, nicht allein nur durch Umverteilung dieses Reichtums begegnet werden kann. Ein Grundeinkommen kann nicht für sich allein stehen, sondern muss immer in ein entsprechendes System eingebettet werden. Eben darum geht es hier um Fragen eines

tischen Neudefinition von Arbeit insgesamt und mit ihr die Neuausrichtung des Verhältnisses von Staat, Markt und Gesellschaft (ebd.: 13). Die Extrempole betrachtend (d.h. idealtypisch und spekulativ), kann das Motiv, sich für ein GE einzusetzen, demnach nur in zwei grundverschiedene Richtungen laufen: entweder es „bezieht seine Rechtfertigung aus dem Potenzial, den kapitalistischen Markt und dessen gesellschaftliche Verankerung zu stabilisieren [...] oder es bezieht seine Rechtfertigung gerade umgekehrt aus dem Potenzial, angesichts von Instabilitäten der erwerbsarbeits- und marktzentrierten Gesellschaftsordnung die individuelle Lebensführung von dieser zu entkoppeln." (Wagner 2009: 10) Sozialstaatlichkeit, im Sinne von Armutsbekämpfung und Existenzsicherung, wäre in beiden dieser Varianten möglich; Strategien zur Lösung der Krise des Sozialstaates scheinen – wie aufgezeigt – in beiden Spielarten denkbar. Um nun aber einen möglichst breiten Konsens aller Mitglieder einer Gesellschaft zu finden, tritt unweigerlich die Notwendigkeit, gesellschaftsstrukturelle und normative Grundfragen zu diskutieren, in den Vordergrund. Es geht um gesellschaftspolitische Leitbilder. Dabei dürfen gesamtgesellschaftliche Implikationen ebenso wenig ‚vergessen' werden, wie es sich auch lohnt, über den sog. ‚Tellerrand', d.h. über traditionelle (nicht nur sozialstaatliche) Strukturen, hinauszuschauen.

Im Ergebnis lässt sich festhalten, dass es bei der Kombination von GE und Sozialstaatlichkeit offensichtlich nicht allein nur um die „Reform" des Sozialstaates geht. Auf der Suche nach dem größtmöglichen gesellschaftlichen Konsens für die Implementierung eines GE tritt vielmehr die Frage in den Vordergrund, in welche Richtung die Zukunft des Sozialstaates gesteuert werden soll. Da Sozialstaat eben immer die Verknüpfung von Wirtschaft, Gesellschaft und Staat bedeutet, impliziert der Versuch, ein GE in den Sozialstaatskontext einzuordnen, immer auch die Vermischung von ökonomischen, sozialen und gesellschaftlichen Fragestellungen: Das Thema GE im Sozialstaat zielt demnach auf die fundamentale Frage zukünftiger gesellschaftlicher Organisation.

---

gesamtgesellschaftlichen Konzepts jenseits des Marktes (Wagner 2009: 13f; vgl. auch Gorz 1986: 61; Lessenich 2009: 20).

5 Schlussbetrachtung

Die zentrale Frage dieser Arbeit war, ob das GE den Zusammenbruch oder die Wiederbelebung des deutschen Sozialstaates zur Folge hat. Um diese Frage zu beantworten, war es zunächst das erklärte Ziel, das GE hinsichtlich der Bedeutung für den Sozialstaat zu untersuchen und es in den entsprechenden Bezugsrahmen einzuordnen. Mit Hilfe der Klärung der Begrifflichkeiten von Sozialstaat und GE sowie der Analyse ausgewählter Thesen der Sozialstaatskritik wurden anfangs die begrifflichen und theoretischen Grundlagen für die Untersuchung gelegt. Anhand dieser konnten erste Ergebnisse festgehalten werden: Zum einen ist die Interpretation bzw. das Verständnis des „Sozialen" selbst ausschlaggebend für die politische Ausgestaltung des Sozialstaates und demnach auch für die Ausformung der Wirtschaftsordnung. Zum anderen steht der Sozialstaat tatsächlich ernstzunehmenden Problemen gegenüber. Dass das GE ein Vorschlag zur Reform des bestehenden Systems sozialer Sicherung ist, wird mit dem Aufzeigen des Letztgenannten sowie der Gegenüberstellung von GE und allgemeiner Grundsicherung i e S. (wie es sie heute beispielsweise in Form von ALG II gibt) deutlich. Der Versuch, das GE in den herausgearbeiteten Sozialstaatskontext einzuordnen, wies mehrere Erkenntnisse hinsichtlich der Kernfrage der Arbeit auf. Zum einen lässt sich festhalten, dass das GE keinesfalls von sich aus den Zusammenbruch des Sozialstaates implizieren würde. Ganz im Gegenteil wurden Möglichkeiten aufgezeigt, wie mittels eines GE die Lösung wesentlicher Probleme des Sozialstaates (insbesondere das zentrale Problem der Arbeitslosigkeit) angegangen werden kann. In diesem Sinne lässt sich durchaus von „Wiederbelebung" sprechen. Genau diese aber gilt es differenziert zu betrachten. Da mit dem GE unterschiedliche Ziele in Verbindung stehen können, sind die hinter einzelnen Konzepten stehenden Zweckbehauptungen überaus von Bedeutung. Anhand ihrer Motive lässt sich die Beschaffenheit der Wiederbelebung feststellen: Geht es beispielsweise darum, einen Teil der Gesellschaft mittels eines GE „ruhig" zu stellen und für den fehlenden Zugang zum Arbeitsmarkt (und damit noch immer verbunden dem Zugang zu Statussicherung, gesellschaftlicher Inklusion etc.) monetär zu kompensieren? Oder geht es darum, einen neuen Weg in die Zukunft für alle Gesellschaftsmitglieder gleichermaßen zu suchen? Mit einem GE scheinen verschiedene Formen der Reanimation möglich.

Obwohl die Kernfrage der Arbeit damit beantwortet ist, deckt die Untersuchung weitere Erkenntnisse auf. Über die Feststellung, dass das GE eine Vielzahl von möglichen Lösungsansätzen auf die Probleme des Sozialstaates zu liefern vermag hinaus, gelangt der Blick auf Realisierungschancen in den Vordergrund. Sozialstaatlichkeit ist immer mit Fragen nach (sozialer) Gerechtigkeit, (sozialer) Sicherheit und Vertrauen in die (gegenwärtige und zukünftige) Leistungsfähigkeit der Systeme verbunden – umwälzende Reformen des Sozialstaates, wie das GE durchaus eine wäre, sind daher ohne die Zustimmung der Gesellschaft (insbesondere von Wählerinnen und Wählern) nicht möglich. Für diese aber sind weder gute Gründe noch achtbar ausgearbeitete Finanzierungskonzepte ausreichend, um der Umsetzung eines GE den Weg zu ebnen. Auf der Suche nach dem größtmöglichen gesellschaftlichen Konsens sind individuelle Normen und Werte, Menschenbilder und Erwartungen an das GE genauso zu berücksichtigen, wie gemeinschaftlich-relevante politische Implikationen. Dies beinhaltet normative Fragestellungen und zieht unmittelbar das Thema nach sich, in welcher Gesellschaft wir leben wollen. Die Diskussion darüber muss daher zwingend gesamtgesellschaftlich geführt werden. Das Offenlegen von Beweggründen und Zweckbestimmungen, die für ein GE sprechen, wird dafür von enormer Bedeutung sein. Im Hinblick auf die Realisierung eines GE geht es eben nicht allein nur um eine *Form* der Reanimation des Sozialstaates; es geht um vielmehr: Es geht in entscheidendem Maße um die *Qualität*.

6 Summary

This text explores whether the introduction of a basic income suggests an end or an improvement of the German welfare state. First of all, therefore, it defines the meaning of the what we call the ‚welfare state'. Because our ideas regarding the so-called ‚welfare state' lack a general defintion and due to the particular feature of the German *social* market economy, the text develops a comprehensive discussion of the welfare state, envisioning the „social component" of both, the social market economy and the welfare state, and in addition, explains the transition of the component's meaning. Based on this understanding the text analyses the current debate surrounding the welfare state issue and concludes that, against the background of Germany's changing economic and societal circumstance, the conditions of the social system are unable to continue to exist in their current manifestation. Since the basic income discussion is as an opportunity to address significant problems with the welfare state, basic income itself is defined following this discussion by showing it's historical roots and distinguishing it from the current situation of basic security systems in Germany. In order that we may understand and discuss basic income within a welfare state context, the text connects evident problems of the welfare state with the possibilities of a basic income. As the text shows, neither a good case of supporting, nor existing financial concepts are most essential for putting a basic income into practise. Rather, there is need for a greatest possible societal concensus. Therefore, moral concepts are shown to be as important as is necessary to consider political and societal implications, as well as to request motivations and expectations of implementing a basic income. As the text demonstrates, the basic income on the one hand can support traditional structures of the economic and social system. Furthermore, it can help to strenghten the market economy as the welfare state for upcoming economic challenges. On the other hand the text shows how introducing a basic income could give the chance of decoupling – at least partly – society from (working) market dependency. Hence, the question of defining a basic income and the welfare state rather asks for the future of societal organsiation and therefore always implies a mixture of economic, social and societal aspects. In contextualizing basic income, it is necessary to address the issue of how to go about creating the future society we want to live in.

To conclude, the introduction of a basic income scheme will not ring in the end of the German welfare state. On the contrary, it offers possibilities to overcome presented current problems and therefore could help to protect and strenghten established social systems. Specifically, considering the various societal and economic potentials of implementing a basic income, it is important to become aware of background motivations and to include society in the design and direction of Germany's future welfare state.

Literaturverzeichnis

Adamy, Wilhelm/Steffen, Johannes (1990): *Finanzierungsprobleme des Sozialstaats in der Beschäftigungskrise. Sozialpolitik zwischen solidarischer Sicherung und marktkonformer Funktionalität.* (Kölner Schriften zur Sozial- und Wirtschaftspolitik; Bd. 13). Regensburg: Transfer-Verlag.

Altvater, Elmar (2007): *Das Ende des Kapitalismus, wie wir ihn kennen. Eine radikale Kapitalismuskritik.* 5. Aufl., Münster: Westfälisches Dampfboot.

Anderson, Uwe (2003): *Soziale Marktwirtschaft/Wirtschaftspolitik.* In: Anderson, Uwe/Woyke, Wichard (Hg.): Handwörterbuch des politischen Systems der Bundesrepublik. 5., aktual. Aufl. Opladen: Leske+Budrich, S. 559-568.

BAG Grundeinkommen (2007): *Gründungserklärung.* Bundesarbeitsgemeinschaft für Grundeinkommen in und bei der Partei DIE LINKE. Berlin, 14. Juli 2007.
[http://www.die-linke-grundeinkommen.org/WordPress/wp-content/uploads/2009/05/Gruendungserklaerung_14_07_2007_verabschiedete_Fassung1.pdf – zuletzt abgerufen am 31.08.2009]

Beck, Ulrich (1997a): *Kinder der Freiheit: Wider das Lamento über den Werteverfall.* In: Beck, Ulrich (Hg.): Kinder der Freiheit. Frankfurt/Main: Suhrkamp, S. 9-33.

Beck, Ulrich (1997b): *Ursprung als Utopie: Politische Freiheit als Sinnquelle der Moderne.* In: Beck, Ulrich (Hg.): Kinder der Freiheit. Frankfurt/Main: Suhrkamp, S. 382-401.

Blaschke, Ronald (2005): *Garantierte Mindesteinkommen. Aktuelle Modelle von Grundsicherungen und Grundeinkommen im Vergleich.* Studie im Auftrag der Evangelischen Akademie Meißen und des Deutschen Gewerkschaftsbundes. Dresden, Oktober 2005. [http://www.archiv-grundeinkommen.de/blaschke/synopse.pdf – zuletzt abgerufen am 31.08.2009]

Blaschke, Ronald (2006): *Bedingungloses Grundeinkommen, Mindestlohn und Arbeitszeitverkürzung.* Dresden, Juni 2006. [http://www.archiv-grundeinkommen.de/blaschke/bge-ml-azv.pdf – zuletzt abgerufen am 31.08.2009]

Blaschke, Ronald (2008): *Aktuelle Grundeinkommens-Modelle in Deutschland. Vergleichende Darstellung.* In: Netzwerk Grundeinkommen (Hg.): Zum 3. deutschsprachigen Grundeinkommenskongress. Berlin. [http://www.archiv-grundeinkommen.de/blaschke/200810_Vergleich_GE-Konzepte.pdf – zuletzt abgerufen am 31.08.2009]

BMAS (2008): *Sozialbudget 2007. Tabellenauszug.* Bonn. [http://www.bmas.de/coremedia/generator/26872/property=pdf/2008__07__08__sozialbudget__2007.pdf – zuletzt abgerufen am 17.05.2009]

Biedenkopf, Kurt (1998): *Wirtschaftspolitik und die soziale Frage.* In: Mendelssohn Symposium 10. Mai 1998: Wirtschaft und Gesellschaft. Franz Oppenheimer und die Grundlegung der sozialen Marktwirtschaft. Grußworte und Festvortrag. Potsdam: Moses Mendelssohn Zentrum für europäisch-jüdische Studien, S. 13-30.

Bischoff, Joachim (2007): *Allgemeines Grundeinkommen. Fundament für soziale Sicherheit?* Hamburg: VSA Verlag.

Breyer, Friedrich/Buchholz, Wolfgang (2007): *Ökonomie des Sozialstaats.* Heidelberg: Springer.

Burian, Peggy (2006): *Das garantierte Grundeinkommen – Grundlagen und Entstehung einer Idee von der Antike bis zum Beginn des 20. Jahrhunderts.* Unveröffentlichte Diplomarbeit, Leipzig. [http://www.archiv-grundeinkommen.de/burian/Diplomarbeit-Burian-Ideengeschichte-Grundeinkommen.pdf – zuletzt abgerufen am 30.07.2009]

Butterwegge, Christoph (1999): *Wohlfahrtsstaat im Wandel. Probleme und Perspektiven der Sozialpolitik.* 2., überarb. Aufl. Opladen: Leske + Budrich.

BT (2008): *Siebenter Existenzminimumbericht. Unterrichtung durch die Bundesregierung: Bericht über die Höhe des Existenzminimums von Erwachsenen und Kindern für das Jahr 2010.* BT-Drucksache 16/11065, 21. November 2008. [http://dip21.bundestag.de/dip21/btd/16/110/1611065.pdf – zuletzt abgerufen am 09.08.2009]

Bundesregierung (2003): *Agenda 2010. Deutschland bewegt sich.* Berlin: Presse- und Informationsamt der Bundesregierung. [http://archiv.bundesregierung.de/artikel/81/557981/attachment/557980_0.pdf – zuletzt abgerufen am 24.08.2009]

BVA (2009): *Bundeszuschüsse an die Rentenversicherung.* [http://www.bundesversicherungsamt.de/.../Rentenversicherung – zuletzt abgerufen am 28.08.2009]

CDU-CSU (1949): *Düsseldorfer Leitsätze über Wirtschaftspolitik, Landwirtschaftspolitik, Sozialpolitik, Wohnungsbau vom 15. Juli 1949.* Sonderdruck des Deutschland Union Dienstes.

Dahme, Heinz-Jürgen (2008): *Krise der öffentlichen Kassen und des Sozialstaats.* In: APuZ 12-13/2008, S. 10-16.

Dingeldey, Irene (2006): *Aktivierender Wohlfahrtsstaat und sozialpolitische Steuerung.* In: APuZ 08-09/2006, S. 3-9.

Drescher, Jörg (Hg.)(2007): *Die Idee eines Emanzipatorischen Bedingungslosen Grundeinkommens.* [http://www.iovialis.org/counting.php?file=BGE-Buch.pdf – zuletzt abgerufen am 07.09.2009]

Engler, Wolfgang (2006): Bürger, ohne Arbeit. Für eine radikale Neugestaltung der Gesellschaft. Berlin: Aufbau Taschenbuch Verlag.

Fischer, Ute / Pelzer, Hartmut (o.J.): *Das Transfergrenzen-Modell zur Finanzierung eines bedingungslosen Grundeinkommens. Möglichkeiten und Grenzen.* Ulm/Dortmund. [http://www.uni-ulm.de/uni/fak/zawiw/buergergeld/buergergeld4.pdf – zuletzt abgerufen am 10.09.2009]

Fischer, Ute / Pelzer, Hartmut (2004): *„Bedingungsloses Grundeinkommen für alle" – Ein Vorschlag zur Finanzierung der Zukunft unserer sozialen Sicherung.* Ulm/Dortmund. [http://www.uni-ulm.de/uni/fak/zawiw/content/forschendes_lernen/gruppen/fl/buergergeld/buergergeld.pdf – zuletzt abgerufen am 10.09.2009]

Fischer, Ute / Pelzer, Hartmut (2007): *Finanzierung eines bedingungsloses Grundeinkommens über das Transfergrenzen-Modell. Möglichkeiten einer Einbeziehung der Konsumsteuer.* In: Werner, Götz/Presse, André (Hg.): Grundeinkommen und Konsumsteuer – Impulse für Unternimm die Zukunft (Tagungsband zum Karlsruher Symposium Grundeinkommen: bedingungslos). Karlsruhe: Universitätsverlag, S. 154-172.

Friedman, Milton (2004): *Maßnahmen zur Bekämpfung der Armut.* In: Friedmann, Milton: Kapitalismus und Freiheit. Kap. 12, S. 227-232. München: Piper.

Füllsack, Manfred (2002): *Leben ohne zu arbeiten? Zur Sozialtheorie des Grundeinkommens.* Berlin: Avinus Verlag.

Glaab, Hermann (2003): *Begrüßung.* In: Statistisches Bundesamt (Hg.): Sozialer Wandel. Daten, Analysen, Gesamtrechnungen. Forum der Bundesstatistik, Bd. 41/2003. Wiesbaden, S. 6-8. [https://www-ec.destatis.de/csp/shop/sfg/bpm.html.cms.cBroker.cls?CSPCHD=00100001000043b3qbZm000000X1MC GpcCJU4m_LHmBM_qhg--&cmspath=struktur,vollanzeige.csp&ID=1023178 – zuletzt abgerufen 19.05.2009]

Glatzer, Wolfgang/Hallein-Benze, Geraldine (2008): *Einstellungen zum Sozialstaat und zur Sozialpolitik.* In: Statistisches Bundesamt (Hg.): Datenreport 2008. Ein Sozialbericht für die Bundesrepublik Deutschland. Bonn: Bundeszentrale für politische Bildung, S. 289-294. [siehe StatBA (2008)]

Glotz, Peter (1986): *Freiwillige Arbeitslosigkeit? Zur neueren Diskussion um das „garantierte" Grundeinkommen.* In: Opielka, Michael/Vobruba, Georg (Hg.): *Das garantierte Grundeinkommen. Entwicklung und Perspektiven einer Forderung.* Frankfurt am Main: Fischer Alternativ, S. 135-148.

Gorz, André (1986): *Garantierte Grundversorgung aus linker und rechter Sicht.* In: Opielka, Michael/Vobruba, Georg (Hg.): *Das garantierte Grundeinkommen. Entwicklung und Perspektiven einer Forderung.* Frankfurt am Main: Fischer Alternativ, S. 53-62.

Grobecker, Claire/Krack-Rohberg, Elle (2008): *Bevölkerungsstand und Bevölkerungsentwicklung.* In: Statistisches Bundesamt (Hg.): Datenreport 2008. Ein Sozialbericht für die Bundesrepublik Deutschland. Bonn: Bundeszentrale für politische Bildung, S. 11-25. [siehe StatBA (2008)]

Groser, Manfred (2002): Stichwort *„Soziale Marktwirtschaft".* In: Nohlen, Dieter (Hg.): Kleines Lexikon der Politik. 2. Aufl. München: C.H. Beck. Lizenzausgabe Bonn: Bundeszentrale für politische Bildung, S. 457-458.

Gross, Erhard/Herrlen-Pelzer, Sibylle/Pelzer, Hartmut (2005): *Bedingungsloses Grundeinkommen: Finanzierung auf der Basis des Transfergrenzen-Modells. Letzter Teil.* Ulm. [http://www.uni-ulm.de/uni/fak/zawiw/content/forschendes_lernen/gruppen/fl/buergergeld/buergergeld3.pdf – zuletzt abgerufen am 10.09.2009]

Habermas, Jürgen (1985): *Die Neue Unübersichtlichkeit.* Kleine politische Schriften, Bd. 5. Frankfurt am Main: Suhrkamp.

Häussner, Ludwig Paul/Presse, André (2007): *Grundeinkommen und Konsumsteuer.* In: Werner, Götz/Presse, André (Hg.): Grundeinkommen und Konsumsteuer – Impulse für Unternimm die Zukunft (Tagungsband zum Karlsruher Symposium Grundeinkommen: bedingungslos). Karlsruhe: Universitätsverlag, S. 80-95.

Hardorp, Benediktus (2007): *Ein Initiative weckendes Steuerrecht.* In: Werner, Götz/Presse, André (Hg.): Grundeinkommen und Konsumsteuer – Impulse für Unternimm die Zukunft (Tagungsband zum Karlsruher Symposium Grundeinkommen: bedingungslos). Karlsruhe: Universitätsverlag, S. 96-114.

Hardorp, Benediktus (2008): *Arbeit und Kapital als schöpferische Kräfte. Einkommensbildung und Besteuerung als gesellschaftliches Teilungsverfahren.* Karlsruhe: Universitätsverlag.

HBS (2007): *Garantiertes Grundeinkommen. Pro und Contra.* 2. Aufl. Berlin: Bildungswerk der Heinrich-Böll-Stiftung.

Heß, Asmus (2006): *Als das Geld vom Himmel fiel.* In: Brand Eins, 06/08, S. 92-99. [http://www.brandeins.de/uploads/tx_brandeinsmagazine/092_b1_06_08_namibia.pdf – zuletzt abgerufen am 31.08.2009]

Hohenleitner, Ingrid/Straubhaar, Thomas (2007): *Bedingungsloses Grundeinkommen und Solidarisches Bürgergeld – mehr als sozialutopische Konzepte.* (Studie des Hamburgischen Weltwirtschaftsinstituts (HWWI)). In: Straubhaar, Thomas (Hg.): Bedingungsloses Grundeinkommen und Solidarisches Bürgergeld – mehr als sozialutopische Konzepte. Hamburg, S. 4-90. [http://www.thueringen.de/imperia/md/content/buergergeld/grundeinkommen-studie.pdf – zuletzt abgerufen am 07.09.2009]

Kalmbach, Peter (1996): *Oppenheimer und der „dritte Weg" zwischen Kapitalismus und Kommunismus.* In: Caspari, Volker/Schefold, Bertram (Hg.): Franz Oppenheimer und Adolph Lowe. Zwei Wirtschaftswissenschaftler an der Frankfurter Universität. Marburg: Metropolis, S. 121-139.

Kaltenborn, Bruno (1995): *Modelle der Grundsicherung. Ein systematischer Vergleich.* Baden-Baden: Nomos-Verlagsgesellschaft.

Kaltenborn, Bruno (1998): *Von der Sozialhilfe zu einer zukunftsfähigen Grundsicherung.* 2. Aufl. Baden-Baden: Nomos-Verlagsgesellschaft.

Keupp, Heiner (1995): *Solidarisch und doch frei.* In: Psychologie heute, 7/1995.

KoBüNe (2005): *Das Liberale Bürgergeld: aktivierend, transparent und gerecht*. Ergebnisbericht der Kommission Bürgergeld – Negative Einkommensteuer (KoBüNe), 28. Januar 2005. [http://umsteuern.org/wp-content/uploads/2009/02/ergebnisbericht-kobune-2005-01-28.pdf – zuletzt abgerufen am 19.08.2009]

Kruck, Werner (1997): *Franz Oppenheimer – Vordenker der Sozialen Marktwirtschaft und Selbsthilfegesellschaft*. Berlin: Berlin-Verlag.

Krüger, Jürgen (1999): *Wohlfahrtsstaatliche Entsolidarisierung? Soziologische Diagnosen im Lichte repräsentativer Umfragedaten*. In: ZSR 45, S. 269-302.

Kumpmann, Ingmar (2009): *Sanktionen gegen Hartz-IV-Empfänger: Zielgenaue Disziplinierung oder allgemeine Drohkulisse?* In: Wirtschaft im Wandel 6/2009, S. 236-239.

Leisering, Lutz (2003): *Der deutsche Sozialstaat – Entfaltung und Krise eines Sozialmodells*. In: Der Bürger im Staat, H. 4/2003. Stuttgart: Landeszentrale für politische Bildung Baden-Württemberg, S. 172-180. [http://www.buergerimstaat.de/4_03/Sozialstaat.pdf – zuletzt abgerufen am 22.06.2009]

Lessenich, Stephan (2009): *Das Grundeinkommen in der gesellschaftspolitischen Debatte*. Expertise im Auftrag der Friedrich-Ebert-Stiftung. Abteilung Wirtschafts- und Sozialpolitik. Bonn. [http://library.fes.de/pdf-files/wiso/06193.pdf – zuletzt abgerufen am 28.07.2009]

Lippl, Bodo (2008): *Klare Mehrheiten für den Wohlfahrtsstaat. Gesellschaftliche Wertorientierungen im internationalen Vergleich*. Gutachten im Auftrag der Friedrich-Ebert-Stiftung. Abteilung Wirtschafts- und Sozialpolitik. Bonn. [http://library.fes.de/pdf-files/wiso/05789.pdf – zuletzt abgerufen am 28.07.2009]

Metzler, Gabriele (2003a): *Der deutsche Sozialstaat. Vom bismarckschen Erfolgsmodell zum Pflegefall*. Stuttgart/München: Deutsche Verlags-Anstalt.

Metzler, Gabriele (2003b): *Die Krise, ach, die Krise.* [http://www.welt.de/print-welt/article240111/Die_Krise_ach_die_Krise.html – zuletzt abgerufen am 30.03.2009]

Mitschke, Joachim (1985): *Steuer- und Transferordnung aus einem Guß. Entwurf einer Neugestaltung der direkten Steuern und Sozialtransfers in der Bundesrepublik Deutschland.* Baden-Baden: Nomos.

Mitschke, Joachim (2000): *Grundsicherungsmodelle – Ziele, Gestaltung, Wirkung und Finanzbedarf. Eine Fundamentalanalyse mit besonderem Bezug auf die Steuer- und Sozialordnung sowie den Arbeitsmarkt der Republik Österreich.* Baden-Baden: Nomos.

Müller-Armack, Alfred (1947): *Wirtschaftslenkung und Marktwirtschaft.* Hamburg: Verlag für Wirtschaft und Sozialpolitik.

Müller-Armack, Alfred (1976): *Wirtschaftsordnung und Wirtschaftspolitik. Studien und Konzepte zur Sozialen Marktwirtschaft und zur Europäischen Integration.* 2., unveränd. Aufl. Bern/Stuttgart: Paul Haupt.

Neumann, Frieder (2009): *Gerechtigkeit und Grundeinkommen. Eine Gerechtigkeitsanalyse ausgewählter Grundeinkommensmodelle.* Berlin: LIT Verlag.

Obinger, Herbert (2007a): *Sozialpolitische Nettoausgaben im internationalen Vergleich. Bestimmungsfaktoren und Wirkungen.* In: ZES Report, 12. Jg., Nr. 2, S. 1-5. [http://www.zes.uni-bremen.de/ccm/cms-service/stream/asset/?asset_id=1596323 – zuletzt abgerufen am 31.08.2009]

Obinger, Herbert (2007b): *Die politischen Grundlagen wirtschaftlichen Wachstums im internationalen Vergleich.* In: Schmidt, Manfred G. u.a. (Hg.): Der Wohlfahrtsstaat. Eine Einführung in den historischen und internationalen Vergleich. Wiesbaden: VS Verlag für Sozialwissenschaften, S. 311-325.

OECD (2007): *Gesellschaft auf einem Blick. OECD Sozialindikatoren 2006.* Paris.

OECD (2009): *Society at a Glance 2009. OECD Social Indicators.*
[http://masetto.sourceoecd.org/vl=621489/cl=19/nw=1/
rpsv/societyataglance2009/index.htm – zuletzt abgerufen am
27.05.2009]

Opielka, Michael/Vobruba, Georg (1986): *Das garantierte Grundeinkommen. Entwicklung und Perspektiven einer Forderung.* Frankfurt
am Main: Fischer Alternativ.

Opielka, Michael (2005): *Die Idee einer Grundeinkommensversicherung –
Analytische und politische Erträge eines erweiterten Konzepts der
Bürgerversicherung.* In: Strengmann-Kuhn, Wolfgang (Hg.): Das
Prinzip der Bürgerversicherung. Wiesbaden, S. 99-139.

Opielka, Michael (2006a): *Chancen einer Grundeinkommensversicherung.* In: Carigiet, Erwin u.a. (Hg.): Wohlstand durch Gerechtigkeit. Deutschland und die Schweiz im sozialpolitischen Vergleich. Zürich: Rotpunktverlag, S. 170-189.

Opielka, Michael (2006b): *Ist ein Bürgergeld konservativ?* In: Politische Meinung, Nr. 443, S. 25-28. [http://www.archiv-grund-
einkommen.de/opielka/200610.pdf – zuletzt abgerufen am
31.08.2009]

Opielka, Michael (2007): *Grundeinkommen als Sozialreform.* In: APuZ
51-52/2007, S. 3-10.

Ostheim, Tobias/Schmidt, Manfred G. (2007a): *Gründungskrise und
Sozialpolitik: die 1950er Jahre der Bundesrepublik Deutschland.* In:
Schmidt, Manfred G. u.a. (Hg.): Der Wohlfahrtsstaat. Eine Ein-
führung in den historischen und internationalen Vergleich.
Wiesbaden: VS Verlag für Sozialwissenschaften, S. 153-164.

Ostheim, Tobias/Schmidt, Manfred G. (2007b): *Vom Ausbau zur Kon-
solidierung: Sozialpolitik von der sozial-liberalen Koalition bis zur
Wiedervereinigung.* In: Schmidt, Manfred G. u.a. (Hg.): Der
Wohlfahrtsstaat. Eine Einführung in den historischen und internationalen Vergleich. Wiesbaden: VS Verlag für Sozialwissenschaften, S. 165-192.

Ostheim, Tobias/Schmidt, Manfred G. (2007c): *Sozialpolitik nach der Wiedervereinigung.* In: Schmidt, Manfred G. u.a. (Hg.): Der Wohlfahrtsstaat. Eine Einführung in den historischen und internationalen Vergleich. Wiesbaden: VS Verlag für Sozialwissenschaften, S. 193-209.

Pelzer, Hartmut/Scharl, Peter (2005): *Bedingungsloses Grundeinkommen: Seine Finanzierung nach einem erweiterten Transfergrenzen-Modells. Europäische Perspektiven.* Ulm. [http://www.uni-ulm. de/uni/fak/zawiw/buergergeld/buergergeld2.pdf – zuletzt abgerufen am 10.09.2009]

Pelzer, Hartmut (2007): *Das bedingungslose Grundeinkommen. Finanzierung und Realisierung nach dem Ulmer Transfergrenzen-Modell.* Ulm. [http://www.archiv-grundeinkommen.de/pelzer/ Transfergrenzen-Modell-Abstract-V-2.pdf – zuletzt abgerufen am 10.09.2009]

Pfau-Effinger, Birgit (2006): *Care im Wandel des wohlfahrtstaatlichen Solidaritätsmodells.* In: Carigiet, Erwin u.a. (Hg.): Wohlstand durch Gerechtigkeit. Deutschland und die Schweiz im sozialpolitischen Vergleich. Zürich: Rotpunktverlag, S. 239-252.

Pilz, Frank (2004): *Der Sozialstaat. Ausbau – Kontroversen – Umbau.* Bonn: Bundeszentrale für politische Bildung.

Pollert, Achim/Kirchner, Bernd/Polzin, Javier Morato (2004): *Lexikon der Wirtschaft.* Mannheim: Bibliografisches Institut & F.A. Brockhaus AG.

Rätz, Werner u.a. (2005): *Grundeinkommen: bedingungslos.* AttacBasicTexte 17. Hamburg: VSA Verlag.

Rätz, Werner (2007): *Essay: Für ein bedingungsloses Grundeinkommen sind Finanzierungsmodelle unvermeidlich, aber schädlich!* In: Drescher, Jörg (Hg.): Die Idee eines Emanzipatorischen Bedingungslosen Grundeinkommens, S. 50-55. [http://www.iovialis.org/counting.php?file=BGE-Buch.pdf – zuletzt abgerufen am 07.09.2009]

Rehme, Günther (2007): *Wissen und Neue Wachstumstheorie: Die Rolle von fachspezifischem Humankapital.* [http://www2.wiwi.hu-berlin.de/wpol/pdf/GeistundOekonomie.pdf – zuletzt abgerufen am 29.06.2009]

Reichel, Richard (1998): *Soziale Marktwirtschaft, Sozialstaat und liberale Wirtschaftsordnung.* In: Aufklärung und Kritik – Zeitschrift für freies Denken und humanistische Philosophie, Sonderheft 2, S. 83 - 92.

Reitter, Karl (2004): Garantiertes Grundeinkommen jetzt! In: grundrisse 12/2004, Wien. [http://homepage.univie.ac.at/Karl.Reitter/artikel/grundeinkommen_jetzt.htm – zuletzt abgerufen am 29.06.2009]

Ribhegge, Hermann (2004): *Sozialpolitik.* München: Vahlen.

Rifkin, Jeremy (2007): *Das Ende der Arbeit und ihre Zukunft. Neue Konzepte für das 21. Jahrhundert.* 2. Aufl., Frankfurt am Main: Fischer.

Rohr, Ulrich (1994): *Die Wirtschaftsordnung Deutschlands.* In: Rohr, Ulrich (Hrsg.): Management und Markt. Unternehmensführung und gesamtwirtschaftlicher Rahmen. München: C.H. Beck, S. 7-22.

Schäfers, Michael (o.J.): Zehn Thesen zur Zukunft der Arbeitsgesellschaft und zur „Tätigkeitsgesellschaft". [http://kab.de/dynasite.cfm?dssid=4041&dsmid=81924#dstitle_640834 – zuletzt abgerufen am 08.08.2009]

Scheuer, Angelika (2008): *Wertorientierungen, Ansprüche und Erwartungen.* In: Statistisches Bundesamt (Hg.): Datenreport 2008. Ein Sozialbericht für die Bundesrepublik Deutschland. Bonn: Bundeszentrale für politische Bildung, S. 412-418. [siehe StatBA (2008)]

Schmidt, Manfred G. (1989): *Vom wirtschaftlichen Wert der Sozialpolitik – Die Perspektive der vergleichenden Politikforschung.* In: Vobruba, Georg (Hg.): Der wirtschaftliche Wert der Sozialpolitik. Sozialpolitische Schriften, H. 60. Berlin: Duncker & Humblot, S. 149-169.

Schmidt, Manfred G. (1998): *Sozialpolitik in Deutschland. Historische Entwicklung und internationaler Vergleich.* 2., vollst. überarb. und erw. Aufl. Opladen: Leske + Budrich.

Schmidt, Manfred G. (2003): *Vetospielertheorem und Politik des mittleren Weges.* In: Der Bürger im Staat, H. 4/2003. Stuttgart: Landeszentrale für politische Bildung Baden-Württemberg, S. 198-202. [http://www.buergerimstaat.de/4_03/Sozialstaat. pdf – zuletzt abgerufen am 22.06.2009]

Schmidt, Manfred G. (2007a): *Positive und negative Wirkungen der Sozialpolitik.* In: Schmidt, Manfred G. u.a. (Hg.): Der Wohlfahrtsstaat. Eine Einführung in den historischen und internationalen Vergleich. Wiesbaden: VS Verlag für Sozialwissenschaften, S. 410-422.

Schmidt, Manfred G. (2007b): *Brutto- und Nettosozialleistungsquoten im Vergleich.* In: Schmidt, Manfred G. u.a. (Hg.): Der Wohlfahrtsstaat. Eine Einführung in den historischen und internationalen Vergleich. Wiesbaden: VS Verlag für Sozialwissenschaften, S. 423-430.

Schmidt, Manfred G./Ostheim, Tobias (2007a): *Einführung.* In: Schmidt, Manfred G. u.a. (Hg.): Der Wohlfahrtsstaat. Eine Einführung in den historischen und internationalen Vergleich. Wiesbaden: VS Verlag für Sozialwissenschaften, S. 21-29.

Schmidt, Manfred G./Ostheim, Tobias (2007b): *Politisch-instituionalistische Theorien.* In: Schmidt, Manfred G. u.a. (Hg.): Der Wohlfahrtsstaat. Eine Einführung in den historischen und internationalen Vergleich. Wiesbaden: VS Verlag für Sozialwissenschaften, S. 63-74.

Schramm, Michael (2007): *Trampolin, kein Sofa. Ein „Solidarisches Bürgergeld" ist das Gebot der Stunde.* In: Herder Korrespondenz 61, 2/2007, S. 91-95.

Sontheimer, Kurt/Bleek, Wilhelm (2000): *Grundzüge des politischen Systems der Bundesrepublik Deutschland.* Akt. Neuausg. Bonn: Bundeszentrale für politische Bildung.

Spermann, Alexander (2001): *Negative Einkommensteuer, Lohnsubventionen und Langzeitarbeitslosigkeit.* Frankfurt am Main: Peter Lang Verlag.

StatBA (Hg.) (2008a): *Datenreport 2008. Ein Sozialbericht für die Bundesrepublik Deutschland.* Bonn: Bundeszentrale für politische Bildung. [http://www.destatis.de/jetspeed/portal/cms/Sites/destatis/Internet/DE/Content/Publikationen/Querschnittsveroeffentlichungen/Datenreport/Downloads/Datenreport2008,property=file.pdf – zuletzt abgerufen am 17.05.2009]

StatBA (Hg.) (2008b): *Statistisches Jahrbuch 2008. Für die Bundesrepublik Deutschland.* Wiesbaden: Statistisches Bundesamt.

StatBA (2009): *Niedrigeinkommen und Erwerbsarbeit.* Begleitmaterial zum Pressegespräch am 19. August 2009 in Frankfurt am Main. Wiesbaden: Statistisches Bundesamt.

Straubhaar, Thomas (Hg.) (2007): *Bedingungsloses Grundeinkommen und Solidarisches Bürgergeld – mehr als sozialutopische Konzepte.* Hamburg, HWWI. [http://www.thueringen.de/imperia/md/content/buergergeld/grundeinkommen-studie.pdf – zuletzt abgerufen am 07.09.2009]

Strengmann-Kuhn, Wolfgang (2007a): *Armut in Deutschland und Grundeinkommen.* [http://www.archiv-grundeinkommen.de/strengmann-kuhn/20070225_Armut_und_Grundeinkommen.pdf – zuletzt abgerufen am 19.08.2009]

Strengmann-Kuhn, Wolfgang (2007b): *Finanzierung eines Grundeinkommens über durch eine „Basic Income Flat Tax"*. In: Werner, Götz/Presse, André (Hg.): Grundeinkommen und Konsumsteuer – Impulse für Unternimm die Zukunft (Tagungsband zum Karlsruher Symposium Grundeinkommen: bedingungslos). Karlsruhe: Universitätsverlag, S. 140-153.

Stolpe, Manfred (1998): *Die soziale Marktwirtschaft stärken*. In: Mendelssohn Symposium 10. Mai 1998: Wirtschaft und Gesellschaft. Franz Oppenheimer und die Grundlegung der sozialen Marktwirtschaft. Grußworte und Festvortrag. Potsdam: Moses Mendelssohn Zentrum für europäisch-jüdische Studien, S. 9-11.

Ullrich, Carsten G. (2003): *Wohlfahrtsstaat und Wohlfahrtskultur. Zu den Perspektiven kultur- und wissenssoziologischer Sozialpolitikforschung*. MZES Arbeitspapiere – Working Papers Nr. 67. Mannheim: Mannheimer Zentrum für Europäische Sozialforschung. [http://www.mzes.uni-mannheim.de/publications/wp/wp-67.pdf – zuletzt abgerufen am 16.05.2009]

Vanderborght, Yannick/Van Parijs, Philippe (2005): *Ein Grundeinkommen für alle? Geschichte und Zukunft eines radikalen Vorschlags*. Frankfurt/New York: Campus.

Vobruba, Georg (Hg.) (1989): *Der wirtschaftliche Wert der Sozialpolitik*. Sozialpolitische Schriften, H. 60. Berlin: Duncker & Humblot.

Vobruba, Georg (2000): *Alternativen zur Vollbeschäftigung. Die Transformation von Arbeit und Einkommen*. Frankfurt am Main: Suhrkamp.

Vobruba, Georg (2006a): *Entwicklung und Stand der deutschen Diskussion um ein garantiertes Grundeinkommen*. In: Vobruba, Georg (Hg.): Entkopplung von Arbeit und Einkommen. Das Grundeinkommen in der Arbeitsgesellschaft. Wiesbaden: VS Verlag für Sozialwissenschaften, S. 71-91.

Vobruba, Georg (2006b): *Ende der Vollbeschäftigungsgesellschaft.* In: Vobruba, Georg (Hg.): Entkopplung von Arbeit und Einkommen. Das Grundeinkommen in der Arbeitsgesellschaft. Wiesbaden: VS Verlag für Sozialwissenschaften, S. 117-142.

Vobruba, Georg (2006c): *Gute Gründe reichen nicht. Zur neuen Diskussion eines garantierten Grundeinkommens.* In: Vobruba, Georg (Hg.): Entkopplung von Arbeit und Einkommen. Das Grundeinkommen in der Arbeitsgesellschaft. Wiesbaden: VS Verlag für Sozialwissenschaften, S. 175-187.

Wagner, Björn (2009): *Das Grundeinkommen in der deutschen Debatte. Leitbilder, Motive und Interessen.* Diskussionspapier im Auftrag des Gesprächskreises Sozialpolitik der Friedrich-Ebert-Stiftung. Abteilung Wirtschafts- und Sozialpolitik. Bonn. [http://library.fes.de/pdf-files/wiso/06194.pdf – zuletzt abgerufen am 28.07.2009]

Weigl, Peter (2009): *Niedrigeinkommen und Erwerbsarbeit.* Pressegespräch am 19. August 2009 in Frankfurt am Main. Wiesbaden: Statistisches Bundesamt. [http://www.destatis.de/jetspeed/portal/cms/Sites/destatis/Internet/DE/Presse/pk/2009/Erwerbstaetigkeit/statement__Erwerbstaetigkeit,property=file.pdf – zuletzt abgerufen am 20.08.2009]

Werner, Götz W./Presse, André (Hg.) (2007): *Grundeinkommen und Konsumsteuer – Impulse für Unternimm die Zukunft.* (Tagungsband zum Karlsruher Symposium Grundeinkommen: bedingungslos). Karlsruhe: Universitätsverlag.

Werner, Götz W. (2008): *Einkommen für alle. Der dm-Chef über die Machbarkeit des bedingungslosen Grundeinkommens.* Bergisch-Gladbach: Lübbe.

Widerquist, Karl (2005): *A Failure to Communicate: What (If Anything) Can we Learn from the Negative Income Tax Experiments?* In: The Journal of Socio-Economics 34.1 (2005): 49-81. [http://works.bepress.com/cgi/viewcontent.cgi?article=1003&context=widerquist – zuletzt abgerufen am 16.08.2009]

Wingerter, Christian (2008): *Arbeitsmarkt*. In: Statistisches Bundesamt (Hg.): Datenreport 2008. Ein Sozialbericht für die Bundesrepublik Deutschland. Bonn: Bundeszentrale für politische Bildung, S. 109-121.

Wohlfahrt, Norbert (2004): *Agenda 2010 – das Ende des Sozialstaats?* Manuskript zur Aktionskonferenz des Bündnis Soziale Bewegung NRW. Dortmund, 24.01.04. [http://www.kolabor.de/sozialforum/ag/diskurswechsel/B193568994/C576615929/E1442096839/Media/ref_wohlfahrt.pdf – zuletzt abgerufen am 31.08.2009]

Wünsche, Horst Friedrich (1996): *Der Einfluß Oppenheimers auf Erhard und dessen Konzeption von der Sozialen Marktwirtschaft.* In: Caspari, Volker/Schefold, Bertram (Hrsg.): Franz Oppenheimer und Adolph Lowe. Zwei Wirtschaftswissenschaftler an der Frankfurter Universität. Marburg: Metropolis, S. 141-161.

Zeeb, Matthias (2007): *Das bedingungslose Grundeinkommen: nicht unbedingt eine gute Idee.* Sozialwissenschaftliches Institut der Evangelischen Kirche in Deutschland (EKD). [http://www.ekd.de/download/SI_070205_zeeb_bedingungsloses_grundeinkommen.pdf – zuletzt abgerufen am 31.08.2009]

Zinn, Karl Georg (1992): *Soziale Marktwirtschaft. Idee, Entwicklung und Politik der bundesdeutschen Wirtschaftsordnung.* Mannheim; Leipzig; Wien; Zürich: BI-Taschenbuch-Verlag.

Zinn, Karl Georg (1999): *Sozialstaat in der Krise. Zur Rettung eines Jahrhundertprojekts.* Berlin: Aufbau Taschenbuch-Verlag.

Zeitungen und Zeitschriften

Berliner Zeitung vom 02.12.2008. Engelhardt, Marc: *Bargeld für alle*. Berlin.

Der Spiegel vom 13.01.1997. Klingenberg-Schmidt, Michael: *Der Talisman der Deutschen.* Heft 3/1997, S. 92-103. [http://wissen.spiegel.de/wissen/dokument/dokument-druck.html?id=8649641&top=SPIEGEL – zuletzt abgerufen am 20.06.2009]

Der Spiegel vom 10.08.2009. Krahe, Dialika: *Im Dorf der Zukunft.* Heft 33/2009, S. 48-52.

Urteile und Beschlüsse

Urteil des Ersten Senats vom 20. Juli 1954 - 1 BvR 459, 484, 548, 555, 623, 651, 748, 783, 801/52, 5, 9/53, 96, 114/54; BVerfGE 4, S. 8-27 (sog. Investitionshilfeurteil).

Urteil des Zweiten Senats vom 18. Juli 1967 – 2 BvF 3, 4, 5, 6, 7, 8/62; 2 BvR 139, 140, 334, 335/62; BVerfGE 22, S. 180-206.

Beschluss des Ersten Senats vom 18. Juni 1975 - 1 BvL 4/74; BVerfGE 40, S. 121-136.